環境エネルギー投資調査研究班［編］

エネルギーフォーラム

はじめに

「気候変動」「カーボンニュートラル」「ＧＸ（グリーントランスフォーメーション）」。

昨今、インターネットや新聞紙上でよく目にする言葉です。ここ最近多発する異常気象は地球温暖化という「気候変動」によるものだと言われています。この主たる原因は、われわれが排出する二酸化炭素が原因だと考えられており、二酸化炭素の排出と吸収をバランスさせることを「カーボンニュートラル」と呼んでいます。この「カーボンニュートラル」を達成するために必要な具体的な対策の総称が「ＧＸ」です。これらの用語については、のちほど詳しく述べていきます。

本書では、「気候変動」「カーボンニュートラル」「ＧＸ」といった言葉に接したとき、いまだ多くの人が他人ごとのように感じている向きもあるなかで、それらの言葉を他人ごとではなく、自分自身が取り組むべき重要な社会課題ととらえ、その解決に向けて一歩踏み出した起業家たちを取り上げていきます。

社会課題解決のスタートアップと聞くと、あまり儲からなさそうだと考える読者の方もいるかもしれません。では、ｙａｈｏｏ！（ヤフー！）ファイナンスで「レノバ」と検索してみてください。レノバは東証プライムに上場するスタートアップで、再生可能エネルギーを活用した電源の開発や運用を行っています。２０２２年10月現在で時価総額は２６００億円超。ちなみに、北海道電力や北陸電力は９００億円台です。エネルギー関連ではありませんが、スタートアップの雄・メルカリが約３８００億円。再生可能エネルギーによる脱炭素が主力事業のレノバの時価総額は、一部の電力会社を超え、まだまだ差はあるとはいえ、メルカリの時価総額に迫らんとしています。脱炭素は決して儲からないものではないのです。

過去の産業の歴史を見れば明らかですが、社会課題解決への取り組みは巨額の富（資本）を生んできました。電灯や内燃機関、飛行機、コンピューターなど、人類史を大きく変えてきたイノベーション（技術革新）は、すべて社会課題を何らかの形で解決してきています。新しいイノベーションがさらに新しい社会課題を生んでしまうこともありましたが、基本的には、そのイノベーションで蓄積された資本は再投資されて、さらに社会課題を解決、ひいては社会変革を起こし、人々の生活を豊かなものにしてきたのです。

それぞれの起業家の悪戦苦闘は、まるでラグビーのモールやラックのようです。密集の中からボールが出て前進し、また密集して、前進する。それは悪戦苦闘を起点に次のイノベーションが生まれ、社会課題が解決されていくさまに似ています。２０１９年のラグビーワールドカップ日本大会を思い出しながら、カーボンニュートラルというタフなゲームに挑む15人の起業家と投資家の生の声をお届けしたいと考えたのが、本書を世に出したきっかけです。

本書では、初めにカーボンニュートラルに関わるビジネスの全体像を俯瞰します。

次に、それらの領域の課題にビジネスで立ち向かう11人の起業家及び4人の投資家の生の声をお届けしますので、カーボンニュートラルに挑む人たちの息吹を感じていただければと思います。また、それら起業家の事業について、何が斬新なのか、強みは何なのかといったことも簡単に解説してあります。本書に出てくるいくつかの主要キーワードの解説コラムも加えましたので、参考にしていただければと思います。

起業家の声のあとは、投資家側から、カーボンニュートラル領域をはじめとした社会課題解決を目指すスタートアップの成長を促すエコシステム（生態系）のあり方を探りました。エンジェル投資家の鎌田富久さんとジャフコ グループのチーフキャピタリストの沼田朋子さんをお迎えし、環境エネルギー投資代表取締役の河村を加えてざっくばらんに議論してもらいました。

そして、最後は、オランダのエネルギー・サステナビリティ分野に特化したベンチャーキャピタルであるＳＥＴ Ｖｅｎｔｕｒｅｓの創業者でＣＥＯ（最高経営責任者）のＲｅｎｅ Ｓｅｖｅｌｓｂｅｒｇ（レネ・サベルスバーグ）さんが登場します。彼には、カーボンニュートラルで先行する欧州の視点、そして、ご自身の経験をまじえたスタートアップへの示唆に富むメッセージをいただきました。
不確実なこの時代、本書がカーボンニュートラルやスタートアップを知るうえでの良きガイドブックになるとすれば、編者としては望外の喜びです。

２０２２年12月
環境エネルギー投資調査研究班

GXフィフティーン 脱炭素起業家たちの挑戦

[目次]

第1章　カーボンニュートラルビジネス早わかり

大阪大学大学院工学研究科　招聘教授　西村　陽

カーボンニュートラルとは、地球環境に悪影響を与えると考えられている温室効果ガスの排出を目標年をおいて実質ゼロにするという、地球規模の全産業、全国民生活にわたる挑戦的な取り組みです。大気中の温室効果ガス濃度の安定化を究極の目的とした国連気候変動枠組条約（1992年採択）のもと、紆余曲折を経て合意されたパリ協定（2015年採択）が現在の枠組みとなっています。この協定では、①世界の平均気温の上昇を産業革命以前に比べ、2℃より十分低く保ちながら、1.5℃に抑える努力を追求する、②できる限り早期に世界の温室効果ガス排出量をピークアウトする――を世界共通の長期目標としています。

2020年以降、気候変動対策に積極的な米国バイデン政権に促されるかのように、2050年に温室効果ガス排出を実質ゼロにする、いわゆる「カーボンニュートラル2050」のような目標が各国で掲げられ、この取り組みは地球規模で加速しています。表1は2020年5月の気候サミットを機に各国の目標が引き上げられた様子を示していますが、引き上げ幅の大きさがよくわかります。

日本は、もともと先進国の中では実現性を重視した目標値をおいていましたが、2020年に菅義偉首相（当時）が「グリーン社会の実現」と銘打って、2050年のカーボンニュートラルへの挑戦を表明しました。実行策のひとつである「2050年カーボンニュートラルに伴うグリーン成長戦略」は、脱炭素化と電化を中心とした14の産業分野のイノベーションに国の

表1 2021年時点で示された各国の温室効果ガス削減目標

	従来の中期目標	目標引き上げ	2050年ネットゼロ
中国	2030年までにピークアウト GDPあたり排出原単位 ▲65%以上（2005年比）	引き上げ表明なし	2060年 ネットゼロ
米国	2025年▲26～28% （2005年比）	▲50～52% （2005年比）	表明
インド	2030年GDPあたり排出原単位 ▲33～35%（2005年比）	引き上げ表明なし	表明なし
EU（欧州連合）	2030年▲40% （1990年比）	▲55% （1990年比）	表明
ロシア	2030年▲30% （1990年比）	引き上げ表明なし	表明なし
日本	2030年▲26% （2013年比）	▲46%（2013年比） ▲50%の高みに挑戦	表明
カナダ	2030年▲32～40% （2005年比）	▲40～45% （2005年比）	表明

出所：山地憲治、西村 陽『カーボンニュートラル2050アウトルック』2022年3月、日本電気協会新聞部

政策支援を集中させ、「2050年カーボンニュートラル」への挑戦を経済と環境の好循環につなげるというものです。

こうした情勢の中で、日本はもちろん、世界各国の政府や企業はカーボンニュートラルへの取り組み方を問われるようになってきています。カーボンニュートラルを進める具体的な方法には大きく分けて2つがあります（次頁の図1）。ひとつは、政府が指導力を発揮し、政策手法を通じて価格の変化や量を規制し、経済活動を誘導する政府・政策主導タイプです。例えば、炭素税は、企業が製造や販売の過程で排出する二酸化炭素（以下、CO_2）の量に応じて課税することで、製品やサービスの価格をCO_2の排出量に応じて引き上げて需要を抑制し、結果としてCO_2の

図1　カーボンニュートラルの２つの方法と新しい局面

①政府・政策主導タイプ
国のカーボンニュートラル目標に合わせて、税や補助金、排出量を割り付けた取引によってカーボンニュートラルへ誘導する。

[現状]
技術開発がまだ不十分であり、経済活動へのマイナス影響が大きすぎる。そのため、本格的に採用していない国が多く、日本もそのひとつ。

先行

②企業主導タイプ
意識の高い企業や消費者に近い企業が自ら計画を立て、CO_2排出削減に向けて、調達するエネルギーや製品のカーボンニュートラル化を推進していく。

[現状]
消費者や資本市場のニーズを受けて、CO_2削減の目標や実行プランを表明し、加速させる企業が2020年以降、日本でも急増している。

[2022年以降の新しい局面]
ロシアのウクライナ侵攻と世界的エネルギー価格高騰によって、再エネ、蓄電池などカーボンニュートラルへの投資および活動が十分な経済性を持つようになってきている。

出所：筆者作成

排出量を削減する仕組みです。もうひとつは、製品やサービス、エネルギーを作ったり送ったりする際にＣＯ２を排出する主体、特に企業が自ら行動計画を作り、カーボンニュートラルの推進役を担う企業主導タイプです。そして現在、脚光を浴びて新しいビジネスチャンスを作り出す原動力となっているのは、後者の企業主導タイプだといえます。

では、なぜ今、企業が政府以上にカーボンニュートラルの推進役となっているのでしょうか。政府側からみると、カーボンニュートラルを実現できるほどの強い政府規制、例えば、高い炭素税をかけたり、厳しい排出枠を義務づけたりすることにより、国の経済の持続的発展との両立が難しくなるという問題点があります。再生可能エネルギー（以下、再エネ）発電中心の電力システム、水素、カーボンリサイクルといった脱炭素の中心技術はいまだ発展途上であり、今すぐ政策で誘導しようとするとコストがかかり過ぎるのです。

次に、企業側から考えましょう。企業は、顧客や市場という世界の「目」にさらされています。今日、あらゆる企業は、その活動の中でカーボンニュートラルへの取り組み姿勢や実績、ビジョンを信頼あるかたちで公表、実践することを、消費者（顧客）と株価や資金調達を左右する資本市場から求められているのです。カーボンニュートラルに対して見識と見通しを示し、着実に手を打つことが、企業にとって生き残りの条件といっても過言ではありません。

一方、そうした動きとは逆方向に、２０２２年秋の時点では、同年2月のロシアのウクライナ侵攻などによってエネルギー価格が猛烈に上昇し、カーボンニュートラル実現のシナリオが崩れるかもしれないという予測も出てきています。しかし、国際エネルギー情勢の混乱の中にあっても、国内外でカーボンニュートラルへの取り組みが滞ったり立ち消えになったりすると考えるのは早計です。こうした背景の下、政府は２０２２年夏からGXをカーボンニュートラル推進のキーコンセプトとして改めて位置づけ、統合的な政策を実行するGX実行会議を新しく設置しました。これは、厳しいエネルギー情勢下にまず国家のエネルギーセキュリティを確立していくことを優先に、国のあらゆる主体が参画し、価格メカニズムをうまく使いながら脱炭素社会へのイノベーションを推進していくことを目指すものです。

価格メカニズムを使った脱炭素行動は、エネルギー価格の上昇下で加速しつつあります。例えば、需要家（電気・ガスなどのエネルギーの利用者、以下、同じ）のエネルギー価格高騰に対する防衛策としての太陽光発電導入、デジタル技術を使った省エネ、エネルギー市場価格の変動に備えて電気の使い方や売り方を調整する蓄電池の設置と運用といった手段は、以前に比べ、効果的かつ投資回収が簡単で利益に直結するビジネスとなり得ます。

アップル、アマゾンのような環境意識の高いグローバル企業や、日本国内でも消費者に近い小売り／生活系大企業、例えば、イオングループ、資生堂、ヤマト運輸などが以前から掲げてきたカーボンニュートラル志向の行動様式が確かな経済性を持つことで、エネルギー危機と価格上昇は、国家はともかく個々の企業、個人においてカーボンニュートラルへの取り組みを促すことになるのです。

また、多くの企業、個人がカーボンニュートラルへのアクションを起こすことは、多くのビジネスチャンスを創り出します。例えば、企業や個人需要家にとって、自らが排出するCO_2を測ったり、目標を立てて排出量を管理したりすることは容易ではありません。自社の屋根に太陽光発電システムを設置する際に、どれくらいの大きさのものを置けばよいのか、電力使用のピークはどの程度抑制可能で、関連する電気はどのように購入するのかといった判断はさらに難しいでしょう。蓄電池や電気自動車（以下、ＥＶ）の導入を例にとっても、充電方法や放電のタイミングの検討にはより高度なノウハウが必要です。このように、建物形状や業界などの違いに基づく多様な条件、技術と市場の急速な進展など、複雑かつ変化のスピードが速い環境下では、プロフェッショナルのサポートが求められるのです。

現在、こうしたビジネスを展開する企業群、つまり、

- 太陽光TPO（第三者保有）やソーラーカーポートのような再エネ調達を使って企業の脱炭素を支援するビジネス
- 個人顧客に対して太陽光発電や蓄電池設置を提供するビルダーを支援するビジネス
- EVの最適充電を含む導入サポート、車両リースを行うビジネス
- それらを効率化するデジタル関連ビジネス

が着実に成長しつつあり、数年後には、海外のカーボンニュートラルベンチャーがこぞって進出している電力のP2P取引（個人間取引）や、再エネ価値や低炭素価値といった環境価値取引を代行するビジネスも活況になると予想されています。

これらのカーボンニュートラルにかかわるビジネスが創り出す市場は、太陽光発電や洋上風力発電、蓄電池、EV、エネルギーを使うさまざまな機器類をつなぐIoT（モノのインターネット）をはじめとするデジタル技術など非常に幅広く、多くの調査機関の知見を総合すると、2020年代末には1兆〜2兆円規模、その後は5倍、10倍に成長していくとみられています。

20兆円程度の規模の日本のエネルギー事業（電力やガス、石油など）と比べても、今後の成長が大いに期待されるビジネスであるわけです。

第2章　GX起業家の実像

起業家の頭の中を覗いたら

株式会社環境エネルギー投資
取締役　マネージング・ディレクター
細谷 賢由

これからご紹介する起業家は、自らが信じる理念を具現化しようと日夜奮闘している人たちです。インタビューからおわかりいただけると思いますが、人生の中で何らかのきっかけで起業への思いを強くし、ビジネスを立ち上げて、現在進行形で育てています。

さて、ここでひとつ考えてみてほしいのです。彼らの頭の中は、「思い」や「理念」だけでいっぱいなのでしょうか？

もちろん答えは「否」です。彼らは、頭の中で「思い」や「理念」だけではなく、ある意味では、それ以上に重要なことを常に考えています。

それは何か？　ひとつは「市場」や「顧客」ということ。自らが作り出すサービスや商品を実際に使ってくれる人々のことが、彼らの頭の中にはいつもあります。つまり、彼らは、自らの「思い」「理念」と「市場」「顧客」との整合性を絶えず考えているのです。「思い」や「理念」だけでサービスや商品を設計したところで、実際にそれを使う顧客が「これは便利だ」、「これは価値がある」と思って使ってくれない限りは世の中に広がっていきませんし、そもそも経済的にそのビジネスはすぐに破綻してしまいます。理念先行のように見えても、起業家の頭の中には「市場」や「顧客」が必ずあって、独りよがりなビジネスになっていないかどうか自分自身でチェックしているのです。

もうひとつは、「技術やビジネスモデルへのこだわり」です。彼らは、自らのビジネスを広げていくために、「独自性」にこだわりを持ちます。製品スペックやサービス内容を比較され、最終的には価格で判断される市場で、同業他社と同じことをしているだけでは顧客を獲得できません。その結果、ビジネスをサステナブル（持続可能、以下、同じ）に継続していくための利益を生むこともできません。サステナブルな世界を具現化すべく立ち上げたビジネスなのに、そのビジネス自体がサステナブルではないという皮肉な結果に陥ります。結局、これでなければならないのだ、という他社を圧倒する独自性で市場を席巻しなければ、彼らのビジネスはサステナブルなものにはなりません。このため、起業家の頭の中には「ウチ独自なビジネスモデル、ウチ独自な技術」を求める強い願望が常に存在しています。

このように考えていくと、起業家の頭の中には、「思い」「理念」、次に「市場」「顧客」、さらに「独自性へのこだわり」の３つがバランス良く同居していることになります。図１を見て

図1

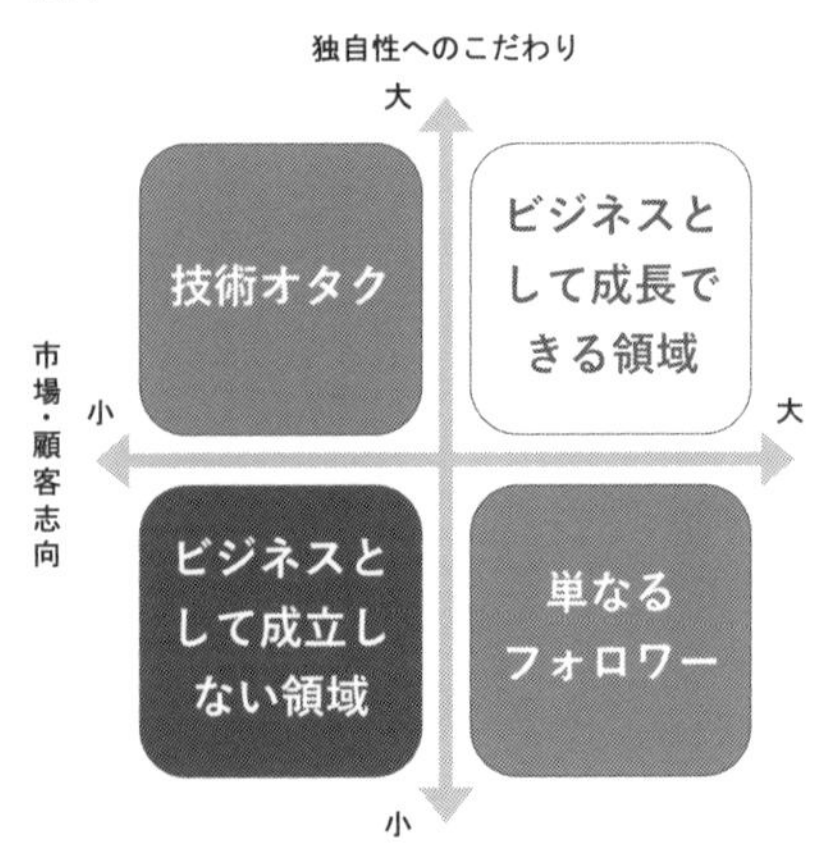

出所：筆者作成

ください。横軸に「市場」「顧客」をとり、縦軸に「独自性へのこだわり」をとりました。言うまでもありませんが、プラスのほうに進めばそれだけそれらの志向が強いことを示しています。

当たり前の話ですが、左下の領域はビジネスとして成立しません。顧客のことも考えず、独自性へのこだわりもないとなると、何がコアになってビジネスがドライブされるのかまったくわかりません。

次に、左上の「技術オタク」の領域ですが、これは顧客に受け入れられない独りよがりの技術やビジネスモデルに拘泥してしまうパターンです。筆者は、ベンチャーキャピタリストとしてこの領域のスタートアップを随分と見てきました。面白い技術やサービスなのに使う人のことを考えていないわけですから、これも顧客の獲得は残念ですが難しいです。この領域から誰も発想できなかった唯一無二のビジネスが立ち上がる可能性は否定できないのですが、その可能性は著しく低いと思われます。

右下の領域に移りましょう。「単なるフォロワー」。これは、顧客ニーズだけを考えて、その顧客ニーズを満足させるような技術やサービスを独自性がなかろうが立ち上げていくということです。これも一定のビジネスに成長する可能性があるといえばあるのですが、同業他社と競争するにあたり、独自性がないという点で致命的です。独自性がないと最終的には価格競争に陥って、十分な利益を上げられません。加えて、独自性がないサービスを売ろうとすれば自ずと販売に関するコストが嵩みます。これも利益圧迫の要因になります。

今までの話を振り返ると、右上の領域のように顧客と独自性をバランス良く考えることが、スタートアップにおいては絶対に必要になることがわかります。とはいえ、この領域もかなり広いので、顧客と独自性の双方を念頭に置きつつも、どちらかというと独自性へのこだわりが強いとか、顧客志向が強いとか、起業家の個性によってバラツキが出てきます。起業家のインタビューを読んでみて、それぞれの起業家がこの右上の領域のどの位置にあるのか、ご自身でプロットしてみても面白いかもしれません。この人は、どちらかというと左寄り（独自性へのこだわりが強い、技術志向が強い）だな、とか右より（顧客志向が強い）だな、といったことを考えてみると、それぞれの起業家の頭の中を覗いているような気分になれるかもしれません。

そして、自分だったらどうしただろうなどと、それぞれの起業家の立場に自分の身を置いてみて、想像を膨らませてみるなんてことも面白いかもしれません。

筆者は、ベンチャーキャピタリストの仕事を通じて、過去に多くの起業家と接する機会がありました。その経験からいうと、左上の「技術オタク」の領域については、起業家のプレゼンを聴いた瞬間は投資したくなる案件がそれなりにあります。「この技術は、われわれだけが持っていて、こういうことにも使えますし、ああいうことにも使えますし……」と滔々と自社の技術やビジネスモデルの優位性を語ってくれるので、それはすごいなあと思ってしまいがちです。しかし、彼らが滔々と語るユースケースを落ち着いて調べてみると、実はそこに顧客ニーズがないとか、実際に市場に投入するまでにさらに開発コストがかかるというケースが多く、投資の実行に至らないことがほとんどです。どんなに技術的に優れていても、独自性のあるビジネスモデルでも、売れないモノに意味はないのです。

ここに登場する起業家が、「市場」「顧客」と「独自性へのこだわり」のバランスをどのようにうまくとってビジネスを成長させようとしているのかに、ぜひ注目してください。結局のところ、そのバランスが社会課題解決とスタートアップの成長の双方の実現を担保しているということがご理解いただけるはずです。

Interview 01

アスエネ株式会社

Co-Founder 代表取締役CEO

西和田 浩平

にしわだ・こうへい

ビジネスを通じて大きな脱炭素ムーブメントを起こす

1985 年、茨城県生まれ。2009 年に慶応義塾大学卒業、三井物産入社。日本や海外の再エネの新規事業開発、投資、M&A（合併・買収）などを手掛ける。2019 年にアスエネを創業、Co-Founder 代表取締役 CEO に就任。

01

企業のCO2見える化サービスで急成長中

2019年10月に創業し、再エネ由来のグリーン電力を法人に供給する「アスエネ電気」をスタートしました。2021年8月には、事業活動の脱炭素化を目指す企業のCO2算出業務を支援するクラウドサービス「アスゼロ」を立ち上げ、2本柱で展開してきましたが、今は、より「アスゼロ」に注力しているところです。CO2排出量を算定するには、電気だけではなく、重油やガス、蒸気、スコープ3、サプライチェーンなど幅広い範囲を網羅的にカバーしなければならず、企業が独自に行おうとすると半年ほどかかってしまいます。これを最短6週間で実現するのが「アスゼロ」です。コスト削減にもつながりますし、リリースから1年弱で顧客数は350社以上に達しました。毎月の平均成長率150%と、大幅に伸びているビジネスであり、投資家からも実績と成長速度を評価いただいています。

起業への思いを強くしたブラジルでの経験

学生のころから起業を志望し、環境系のビジネスに携われるうえに、ビジネスのノウハウを身につけられ、海外での事業にもチャレンジできることが決め手となり、大学卒業後は総合商社の三井物産に入社しました。起業への思いを後押ししたのが、太陽光発電や省エネ事業を手掛けるブラジルのＥｃｏｇｅｎ（エコジェン）というベンチャー企業に出向した経験でした。同じく三井物産から出向していた副社長のお付きのような仕事をしていたのですが、創業者のネルソン社長と迅速に経営判断しつつ、周囲のモチベーションを上げて、社会的インパクトを創出する事業を黒字化させていく姿に刺激を受けて、自分自身も経営にチャレンジしたいとの思いを強くしました。三井物産で10年以上、再エネに関する新規事業投資やＭ＆Ａを担当してきた専門性を生かし、脱炭素の領域で起業することは自然の流れでした。

２０１８～２０１９年ごろ、欧米では再エネ特化の小売り事業が浸透し始め、大企業に混じってスタートアップ企業が脱炭素ビジネスをけん引していました。遅かれ早かれ日本にもそういう流れはくるだろうという確信がありましたし、CO_2を削減したり見える化したりする技術があまり普及していないからこそ、それがビジネスチャンスになると考えました。実際、

２０２０年の菅義偉前首相のカーボンニュートラル宣言以降、企業のお客さまの関心や本気度が大きく変わったとビジネスを通じて実感しています。

大学時代は音楽の世界でプロの道を目指す

実は、大学2年生までは音楽の世界でプロを目指していて、ビジネスにはあまり興味がありませんでした。しかし、挫折を味わいプロへの道を断念した矢先に、尊敬するMr. Childrenの桜井和寿さんがプロデューサーの小林武史さんと結成したロックバンド「Ｂａｎｋ Ｂａｎｄ（バンク・バンド）」が、ライブ活動やＣＤ販売で得た収益を環境系のベンチャー企業に投資や融資していることを知ったのです。お金がなくなれば支援が継続できなくなるボランティアには限界がありますが、ビジネスとして展開すれば、より持続的に社会に価値を提供することができますし、ウィン・ウィンの関係を構築することでみんなを巻き込めば、社会に与える影響は、より大きなものになるはずです。そういうことができるのであれば、ビジネスに携わるのも面白いと思いました。気候変動というグローバルな課題を解決するためにも、大きなムーブメントを起こし、社会を巻き込む影響力を持ちながら、ビジネスを展開していきたいと考えています。

2人の共同創業者とインキュベイトファンドとの出会い

2019年9月に三井物産を退社し、同年10月にアスエネを立ち上げました。創業当初のチームメンバーは自分ただひとり。業界の知見とやる気とコミットメントはあるけれど、お金もなく資金調達も決まっていないという状態で、事業を立ち上げるにしてもシステムを開発したこともなければ、エンジニアと話したこともなく、共同創業者を探すプロセスで苦労しました。大学の同窓生など友人経由で人材を探し、インドネシア出身で楽天やメルカリで開発経験のあるエンジニアのラクマ、キーエンス出身の岩田圭弘の2名に共同創業者に加わってもらえたことが、会社の基盤を築くにあたり非常に大きかったですね。

今も株主であるインキュベイトファンドとの出会いもこのころです。とある講演会に出かけた際に、インキュベイトファンドの代表パートナーである本間真彦氏にお目にかかり、15分くらい飲みながらビジネスの構想を聞いていただいたんです。そうしたら、本間氏

から「面白い、6000万円投資する」と持ち掛けられて。そのときは、別の投資家からの出資の話も進んでいたので、御社と合わせて2社でどうかと聞いたんですけれど、彼らのポリシーで常に最初の投資家としてリードポジションを取ることになっているから、最初は自分たちのリード出資でなければダメだと。翌週からすぐにミーティングがセットされ、われわれの構想に魅力を感じていただき、最初の出資先になっていただきました。今も、インキュベイトファンドの本間氏と毎週、戦略や他産業のベストプラクティス（成功事例）を議論するミーティングを重ねています。実は、ビジネスモデルの議論を重ねるなかで、最初に手掛けることにしていたビジネスモデルを一度ピボット（方向転換）しています。

アジアでシェア獲得、世界で勝てるクライメートテック企業へ

アジアナンバー1のクライメートテック企業になることを目標に、近くアジアで「アスゼロ」のビジネスを立ち上げることを計画しています。日本をはじめアジア市場に脱炭素の波が押し寄せるのはこれからですから、世界で最も人口が多いアジアでシェアを獲得できれば、世界一も狙えます。

経営歴3年弱、資金調達は22億円ほどできていますが、まだまだベンチャーのシリーズBフェーズの起業家です。ですが、ベンチマークにしているのは、同じステージのベンチャー経営

者というよりも、例えば、ラクスルの松本恭攝社長、サイバーエージェントの藤田晋社長といった上場企業や1兆円企業の経営者たちです。彼らだったらどのように考え、どのような意思決定をしてビジネスを仕掛けていくのか、休みの日には、書籍や記事を読んだり、YouTube動画を繰り返し何度も見たりしながら研究しています。

ひとくち解説

カーボンニュートラルは、今や企業の規模や業種を問わず取り組まなければならない喫緊の課題となっています。しかし、多くの企業にとっては、どのように取り組み方針を定めて実行すべきかという点について見極めづらい部分が多く、迷うこともあるでしょう。

ひとつ明確なのは、どのような企業であっても、脱炭素目標を設定して対策を構築するには、自らの企業活動のモニタリングを始める必要があるということです。海外では、最大手で欧州・米国にまたがって展開しているエナジーダイレクトをはじめ、数多くのエネルギー・エンジニアリング企業、コンサルティング企業が脱炭素モニタリングシステムを提供していますが、対象は概ね大規模な生産設備、教育・公共設備などが中心で、中堅・中小企業までは広がっていません。

そうしたなかでアスエネは、日本の中堅企業から大手企業までさまざまな企業に使いやすい

モニタリングシステム「アスゼロ」を提供してCO_2排出量を計算・提示し、そのうえで証書取引をはじめとする必要なソリューションを提供していく脱炭素プラットフォームを展開しています。脱炭素への取り組みの経験が浅い企業にとっては、手法や目標設定、必要なアクションの検討を簡便かつスムーズに行うことができます。今後の日本のGXにおいて、最も必要とされる脱炭素イノベーションの裾野を広げる大きなポテンシャルを持つ企業といえましょう。

Interview 02

サステナブル・ラボ株式会社

代表取締役CEO

平瀬 錬司

ひらせ・れんじ

非財務情報から「良い企業」に光を

大阪大学理学部在学中から環境や農業、福祉などサステナビリティ領域のベンチャービジネスに環境エンジニアとして携わる。これらの領域で2社の事業売却を経験したのち、2019年にサステナブル・ラボを立ち上げ。京都大学ESG（環境・社会・ガバナンス）研究会講師。

02

学生起業後10年間での挫折と学び

子供のころに見た映画やアニメに影響を受け、最初の夢は宇宙飛行士でした。しかし、進学先の理学部で、この世界には数多の天才がいることをリアルに感じ挫折。その後、「世界を救うベンチャー企業をつくる」ことが新たな夢となりました。ドイツの考古学者であるシュリーマンの事業家として大成しつつも幼いころの夢や情熱を持ち続けた生き方にあこがれ、学生起業家の道を歩み始めました。

在学中から10年間で、農業や介護、地域産業活性化、ソーラーシェアリング（営農型発電）など複数の事業の立ち上げに関わりました。ただ、「社会課題の解決は事業でなく趣味でやるべき」といった声が多く、共鳴してくれる人は10人中2～3人いるものの、身銭を切って応援してくれる人はゼロかよくてひとり。既得権益や業界の思考停止に遭遇する場面も多々ありました。一方、この10年の経験で、日の当たりにくい場所でも志を持ち、汗を流しながら価値創造を続ける人々がいること。合理的でないことに価値があるケースもままあること。人生を賭けてやりたいことに出会えたとき、人は能力の限界を軽々突破できること。大企業と競合してもあまりメリットはないこと。こうした貴重な学びを得て、当初の「お金を稼いで社会的に強くなりたい」という考え方から、「世の中を良くする事業がもっと照らされる世界にしたい」との思いを強くしてきたことが、現在のビジネスにつながっています。

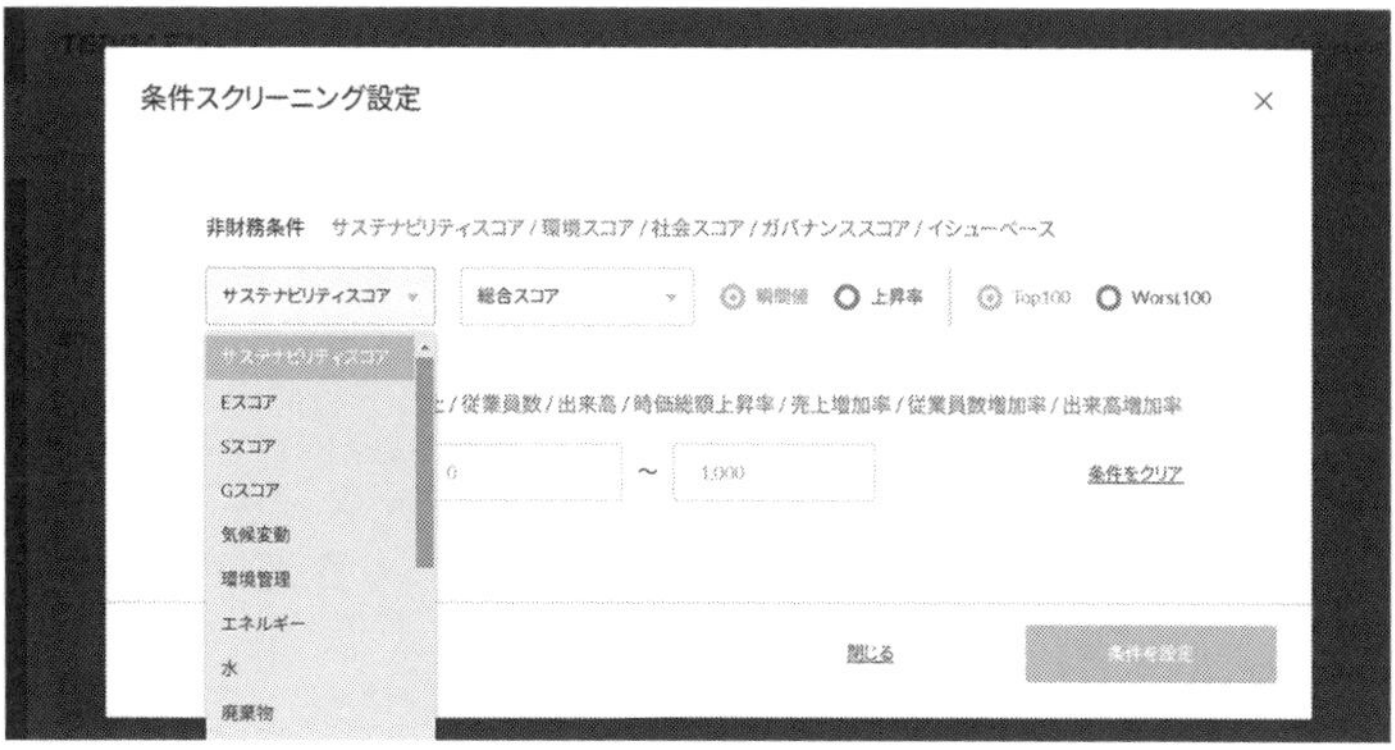

条件スクリーニング設定

非財務条件　サステナビリティスコア / 環境スコア / 社会スコア / ガバナンススコア / イシューベース

サステナビリティスコア　総合スコア　瞬間値　上昇率　Top100　Worst100

サステナビリティスコア
Eスコア
Sスコア
Gスコア
気候変動
環境管理
エネルギー
水
廃棄物

/ 従業員数 / 出来高 / 時価総額上昇率 / 売上増加率 / 従業員数増加率 / 出来高増加率

0 ～ 1,000　条件をクリア

閉じる　条件を設定

企業の「サステナビリティ健康診断ツール」を提供

2017年ころにESG投資やSDGs（持続可能な開発目標）の盛り上がりを見て、これが世の中のトランスフォームになると直感し、2019年に現在のビジネスを創業しました。「SDGs×ビッグデータで『良い企業』を照らす」をコンセプトに、企業の非財務情報を集約し、比較できるデータプラットフォームを提供しています。

開発した「TERRAST（テラスト）」は、国内2000社・海外1000社以上の情報を網羅し、社名や業界、非財務条件などから、SDGsの総合スコアや、個社の約700～800項目にも及ぶ詳細なデータを検索できます。いわば「企業のサステナビリティ健康診断ツール」です。これまで機関投資家がこうした情報を得るためには、各社のサステナビリティレポートを読み込むといったアナログ的手法に頼るしかなく、個社ごとにレポートの内容が異なるため、収集コストがかかるうえ、横比較などの分析も困難でした。あるいはＥＳＧに関する格付け会社の評価を入手し、それを自社の既存の基準になんとか当てはめるかたちで判断せざるを得ませんでした。そうした実情から、「ＴＥＲＲＡＳＴ」のニーズは高く、今後さらに拡大していくものと考えています。

日本的「八百万（やおよろず）」のプラットフォームに

企業の非財務情報に関するデータバンクをビジネス展開しているのは、世界全体でも多くはありません。類似サービスを提供する海外の企業とは、十分に差別化が可能だと考えています。まず、彼らは英語圏のデータを得意としていますが、サステナブル・ラボは非英語圏の情報が豊富です。そして、欧米では評価の物差しがひとつになりがちですが、サステナブル・ラボでは多種多様な価値観、つまり「八百万」の物差しを用意しています。一神教の文化である欧米は、気候変動のように世界中の主体が解決に向けて関わる問題においても、ひとつの価値観に集約する傾向にあります。しかし、ＳＤＧｓでも17のゴールが設定されているように、現在の複雑な社会課題の解決で求められるのは、もっと本質的なパラダイムシフトであるはず。そうであれば、「良い企業」の判断の物差しにも、自ずと多様性が求められます。こうした価値観は、日本が八百万の神々を信仰してきた文化に通じるものがあります。一方で、多種多様な物差しだけでは〝データの海〟から求める情報をどう拾えばよいのか迷います。そこでサステナブル・ラボは、ESG情報のアグリゲーター、あるいはデータ・ハブを目指し、まずは国内を主戦場とし、ゆくゆくは世界でシェアを獲得するというストーリーを描いています。

国内市場でのニーズには、十分な手応えを感じています。クライアントは、日系や外資の大手金融機関が20社超、自社のESG的立ち位置や改善の手がかりを把握したいという事業会社が上場企業だけで30社超（無償ユーザーを含む）に上り、セールスパートナーとしてメガバンクを含めた10社ほどの企業と連携しています。今後、市場が加速度的に成長するなかで、常にリーディングカンパニーであり続けられるよう、事業をブラッシュアップしていく考えです。また、海外での実績づくりはこれからですが、2021年のCOP26（国連気候変動枠組み条約第26回締約国会議）でフィンテックがテーマのイベントに登壇したり、グローバル金融グループに営業をかけたりすると、ポジティブな反応が返ってきます。新しいコンセプトが珍しがられるとともに、彼らからのリスペクトも感じます。ただ、実際に商品が売れるのかは別問題であり、ビジネスへの支持を得られるよう引き続き挑戦していきます。

“スポットライト”の光に惑わされず

この領域への注目は高まる一方で、サステナブル・ラボのような企業で働き、社会貢献したいとキラキラした期待を携えて応募する人が増えています。ただ、現場の作業は地味なものが

多く、また市場で大企業相手に起業家が勝負していくのは大変です。市場に当たる〝スポットライト〟の光に惑わされず、真にイノベーションを起こす覚悟と、必要なスキルを持つ人材を集めていくことが今後の経営課題になります。現在35人ほどのメンバーには、データサイエンス、サステナビリティ、金融の3分野のプロが揃っています。7カ国に及ぶ多国籍軍団で、海外在住のメンバーも多く、業務の大部分をリモートで行います。半年後には50人強と、チームを大きくしていく計画です。

〝スポットライト〟の光は同時に〝闇〟も生み出しており、「ESG投資は嘘、あるいは無駄である」といった神学論争が日増しに増えていると感じています。確かに現在進行中のロシアのウクライナへの軍事侵攻、それに伴う世界的なエネルギー危機は、短期的にはマイナス要素ですが、長期的にはあらゆる投資にESGが組み込まれていくというトレンドを疑う余地はありません。将来的に「TERRAST」のようなサービスは、ビジネスに不可欠なインフラになると確信しています。あらゆるレイヤーが使いやすく、全世界で投資やＥＲＰ（企業資源計画）の判断材料とされるよう、サービスを進化させていきます。そして、非財務価値を組み込んだ新たな経済システムへのパラダイムシフトの一翼を担っていきたいと思います。

ひとくち解説

会社の経営状況を調査する際、まず会社四季報と有価証券報告書を見る人は多いでしょう。財務諸表は、お金をベースに会社の状態を表す、いわば「会社の健康診断票」です。それら従来の財務情報に、環境（Environment）・社会（Social）・ガバナンス（Governance）という非財務的な要素を組み入れて投資判断に反映する「ＥＳＧ投資」が機関投資家を中心に普及してきています。さらには、２０１５年９月に国連サミットで採択された「ＳＤＧｓ」も急速に投資判断に影響を与えています。

ＥＳＧ投資では、財務諸表以外のパフォーマンスの評価が求められます。代表的な指標として、CO_2排出量やダイバーシティ比率（女性役員比率）がよく挙げられます。非財務のパフォーマンスの評価方法には、会計基準のような統一ルールや定式がないことが多く、優れた活動を誰もがわかるように評価したり、良いところだけ強調する企業や、言いっ放しでやらない企業を見分けたりすることは、いまだ容易ではありません。

サステナブル・ラボは、ＥＳＧ評価の民主化に取り組むスタートアップです。従来の財務情報だけではなく、非財務情報も含めた企業情報を、ビッグデータを使い、わかりやすい見せ方で継続的に提供するプラットフォームの構築、運用を目指しています。

世界中がＥＳＧやＳＤＧｓを意識した投資にシフトしているなか、より確かな企業のＥＳＧ情報を求める声が高まっています。投資家間の情報の非対称性を考えると、そうした機能はできるだけ簡便で、誰でもアクセス可能なことが求められます。その点でサステナブル・ラボの「ＴＥＲＲＡＳＴ」は、そのひとつの解となって広がっていくだけの強みとポテンシャルがあるといえるでしょう。

キーワード解説①

「カーボンニュートラル2050」概説

現在、日本を含む120以上の国・地域が2050年までに温室効果ガスの排出を全体としてゼロにする「カーボンニュートラル2050」を宣言しています。「排出を全体としてゼロに」とは、CO_2をはじめとする温室効果ガスの排出量から、植林や森林管理などによる吸収量を差し引き、合計を実質的にゼロにすることをいいます（ここでいう「排出量」とは、ヒトの呼吸のような自然な排出は含まず、工業生産や運輸、商業、酪農を含む農業、家庭でのエネルギー消費といった人為的活動に伴う排出を指します）。すなわち、カーボンニュートラル達成のためには、温室効果ガス排出量の削減と吸収作用の保全および強化を図る必要があります。

経済活動と日常生活は、人間が生存して社会を維持するための基盤です。それらに伴い排出される温室効果ガス削減を目指す「カーボンニュートラル2050」は、全産業、全国民が取り組む大きなチャレンジといえます。

それでは、実際にどのように排出量を削減するのでしょうか。

CO_2の排出を減らすことを「脱炭素」と呼びます。脱炭素の取り組み例としては、次のようなものが挙げられます。

- 発電の方法を、化石燃料を使う方法（火力）から使わない方法（原子力、水力、地熱、太陽光、風力など）に変える
- 工場などで製造に使用する燃料を化石燃料使用から電気に変える
- 輸送手段をガソリンや軽油のエンジンから電気に変え、クリーンなエネルギーで充電する（ＥＶや電車を利用する）
- すべての分野で省エネルギーをさらに推進する
- 中長期にわたる技術としては、脱炭素における有力なエネルギーである水素を発電や製造に使う
- 排出されたCO_2を分離・回収し、地中に貯留したり（ＣＣＳ）、貯留したCO_2を利用したりする（ＣＣＵ）

２０２０年度の日本におけるCO_2の排出量を部門別にみると、総排出量11億５０００万トンにおいて、発電所などのエネルギー転換部門が40・４％、産業部門が24・３％、運輸部門が17・０％、残りを家庭・業務用（商業・ビルなど）などが占めています（環境省・国立環境研究所「２０２０年度温室効果ガス排出量〈確報値〉概要」、２０２０年４月15日）。

多くの部門に電化による化石燃料使用の減少の可能性があることを考えると、電力・エネルギー分野での脱炭素は極めて重要になります。もとより自国資源に乏しい日本は、戦後すぐの水力中心の体制に始まり、経済成長に伴って石炭や石油、天然ガスといった海外からの化石燃料に頼ってエネルギー基盤を整備してきました。しかし、エネルギー転換部門の脱炭素を目指すには、その姿を大転換しなければなりません。

特に2011年の東京電力・福島第一原子力発電所の事故以来、原子力発電が十分に稼働できず極端な化石燃料依存になっている現況をみると、太陽光や風力に代表される再エネ発電の推進、原子力発電の再構築など、電源の脱炭素と並行するかたちで需要家側の電化や蓄電池の導入を少しでも前倒しに進めなければならないのです。

日本政府は現在、2022年からの世界的なエネルギー危機を受け、カーボンニュートラル政策を「GX」と呼んで再構築し、エネルギーセキュリティの強化、原子力発電所の再稼働や新規投資、多くの企業・国民が参加する脱炭素活動の推進、そのための新しいカーボンクレジット取引の試みであるGXリーグなどを進めることとしています。その中では、供給側の取り組みだけではなく、多くのユーザーが参加できる需要側の電化や省エネ・エネルギーマネジメント、DR（デマンド・レスポンス）、再エネを効果的に使うための蓄電池の普及など、先行的な取り組みにも大いに焦点が当たっていくことになるでしょう。

Interview 03

Nature（ネイチャー）株式会社

Founder

塩出 晴海

しおで・はるうみ

テクノロジーで自然との共生を求めるDNAを呼び覚ます

03

2008年にスウェーデン王立工科大学でComputer Scienceの修士課程を修了。三井物産に入社し、途上国での電力事業投資・開発などを担当。2016年にハーバード・ビジネス・スクールでMBAを取得、在学中にNatureを創業する。

生涯をかけて取り組むテーマは「自然」

僕が生涯をかけて取り組もうとしているテーマが「自然」です。三井物産に就職が決まり、スウェーデンの大学院を3カ月前倒しで卒業し、父と3カ月間のヨットの旅に出たときのことですが、見渡す限り海しかない大自然の中、ひとりデッキに立っていると、帆に風を受けヨットがヒュっと前進していく。それにとても高揚感を覚えたんです。人間は、DNAレベルで自然の中にありたいものだと強く感じました。ところが、産業革命以降、物質的な豊かさを追い求め、多くのビジネスが貴重な自然を荒らしながら生産と消費の拡大の上に成り立ってきました。その流れを大きく変えようとしているのが、インターネットやスマートフォンを活用し、リソースを有効活用するシェアリングエコノミーです。テクノロジーの力で、これまで軽視されてきた人間と自然の共生を採算性の取れるビジネスとして実現したい。だから、起業した際の会社名は「Nature」と決めていました。

実は、社会人になるまでは、父がエンジニアだったこともあり、一番の関心事はユビキタス(今のIoT)の分野だったんです。ところが、配属を希望していたユビキタス事業部が入社直後に廃止されてしまい、取り組みたいことと社会のニーズの乖離を突きつけられました。ビジネスパーソンとして最も脂が乗る35~45歳のタイミングで、自然をテーマに時代のニーズとマッチできるビジネスは「クリーンテック」、「クリーンエナジー」しかないと心に決め、その

後は、初めて飛び込んだ電力の世界でビジネスの基礎と電力マンとしてのノウハウを培うことになりました。

再エネ100%の未来へ、デバイス普及に注力

三井物産退社後、米国のハーバード・ビジネス・スクールに入学直後の２０１４年に、ボストンで創業しました。エアコンなどの赤外線式のリモコンを使用する家電をＩｏＴ化し、スマートフォンを通じて外出先からスイッチを入れたり、自動で節電したりといった機能を持つ家庭用のスマートリモコン「Ｎａｔｕｒｅ Ｒｅｍｏ（ネイチャーリモ）」シリーズの開発・製造・販売が主力事業です。２～３年のうちに累計販売台数１００万台を視野に入れていますが、単にＲｅｍｏの販売台数を伸ばすことが本来の目標なのではありません。Ｎａｔｕｒｅが目指す再エネ１００％のエネルギー社会を実現するには、電力需要をコントロールする

仕組みが必要です。Ｒｅｍｏの普及拡大は、あくまでも将来の電力需要制御のツールとするためです。

電力小売り事業撤退で気づいたこと

創業当初から手掛けることを決めていて、２０２1年3月にようやく参入を果たした電力小売り事業から1年ほどで撤退しました。コロナ禍からの脱却とウクライナ危機に端を発するＬＮＧ（液化天然ガス）価格の高騰で電気の調達価格が上昇し、電気料金を値上げしなければ採算が取れないような状況に追い込まれてしまったのです。けれども、大手電力会社を大幅に上回るような料金メニューでは、誰もＮａｔｕｒｅの電気を使ってくれません。スタートアップ企業として、少なく見積もっても数年間は赤字が確定し、その先も不透明なビジネスを継続することは難しいと判断せざるを得なかったのです。参入から1年以内に撤退するような事業を手掛けてしまったこと、小売り事業を手掛けなければもっと早く次の展開に進めたのにとか、もっと早く撤退の意思決定ができなかったのかとかいろいろと考えさせられました。

実は、仕事と並行して肉体改造に取り組んでいます。摂取カロリーと運動量は自分で管理できますが、遺伝的体質はできません。また、ある程度のコントロールはできるけれど、完璧にはできないのが仕事上の会食でした。３カ月間、自分自身のエネルギー収支について、コントロールできるものを評価、改善し、コントロールできないものを観測、管理。そこで気づいたことがありました。ビジネスを取り巻くものには、プロダクトなど自ら管理できることと、法制度や世界情勢など管理できないことがあります。できないのであればできないなりの対処が必要だということです。さらに、目標を達成するうえでとても大切なのはデータを取ることです。食べ過ぎたのであれば、それを定量的に把握していれば減らす努力ができます。電力小売り事業に置き換えると、他に取らなければならない定点的なデータがいくつもあって、その指標を置いていれば、もっと早くにアクションできていたはずです。悔しさとともに、そんな学びがありました。

新しいエネルギー社会のプラットフォームを目指す

小売り事業から撤退する代わりに、夏・冬の電力不足への備えから需要抑制のニーズが高まり、その次のステップとして狙っていた家庭用のＤＲ事業への取り組みが大きく前進したことは怪我の功名でした。家庭用ＤＲに取り組む小売り事業者は複数ありますが、「Ｎａｔｕｒｅ　Ｒｅｍｏ」を活用した自動制御を組み合わせたＤＲを大規模に展開していることは、Ｎａｔｕｒｅにとって大きな差別化要素です。例えば、翌日夕方の5時から7時に電気代が安いといわれても、自らの行動を変えることはなかなか難しい。ＩｏＴで自動制御できるのであれば、ピークシフトのためにユーザーは何もしなくてよいのですから楽ですよね。Ｒｅｍｏが１００万台普及したあかつきには、１台のＲｅｍｏに１台のエアコンが接続されるとすれば１００万キロワット——原子力発電所１基分程度の需要をコントロールできることになります。

今後は、家庭用ＤＲの制御対象を給湯器やＥＶ、蓄電池まで広げていきたいと思っています。戸建て住宅であれば、電気を使うだけではなく、屋根上の太陽光発電設備で電気をつくることと合わせてエネルギーマネジメントをいかに最適化していくか。家単位のエネルギーマネジメントを統合し、それを町単位、さらに広い都市単位へと広げていき、その先には、電気の生産者となった個人（プロシューマー）同士をつないで電気を融通し合う展開が見えてきます。エンドコンシューマーが主体となる新しいエネルギーシステムの中で、Ｎａｔｕｒｅのプレゼンスをどこまで高められるかがポイントです。

ビジネスは社会に価値を提供する手段

僕にとってビジネスは手段でしかなく、ひたすら利益を追求することには興味がありません。社会に価値を提供することが一番の目的であり、そのために会社を継続させていくには収益を上げなければならないから、その土俵で戦っているだけなのです。イーロン・マスクにしても、スティーブ・ジョブスにしても、尊敬する起業家は、やはりビジネスマンではなくクリエイターなのだと思います。Ｎａｔｕｒｅのコーポレートミッションは、「自然との共生をドライブする」。テクノロジーで人と自然をつなぎ、持続可能なエネルギーの未来と、人間が自然を感じながら心地良く生きられる社会づくりに貢献したい。そういう会社として世の中にも認知されるようになりたいですね。

ひとくち解説

「家中の電化機器をコントロールしたい」という試みは、日本では１９９０年代から盛んでした。ＤＳＭ（ディマンド・サイド・マネジメント）やＨＥＭＳ（ホーム・エネルギー・マネジメント・システム）のブームがそれで、主に総合家電機器メーカーやハウスメーカーが新築住宅に向けて製品化に取り組み、国も「ECHONET Lite（エコーネットライト）」という家電の通信標準づくりをサポートしました。しかし、そうした試みは、すべての住宅に広がることは

ありませんでした。

Ｎａｔｕｒｅのビジネスモデルは、まったく逆の発想に立っています。スタイリッシュなコントロールボックスを製造販売し、メーカーを問わず、ECHONET Lite にこだわることなく、エアコンやテレビのリモコンに定着している赤外線経由で制御します。そして、一番の特徴は、Ｎａｔｕｒｅの事業が、自然との共生をドライブするために、ＩｏＴを切り口に電力インフラを再エネ主体にアップデートすることを目指しており、本来の狙いが家電機器や家の販売ではなく、ＤＲ自体にあることです（ＤＲは、電力需要側が供給状況に応じて需要パターンを変化させる仕組みで、日本全体には省エネによる燃料調達コスト抑制や再エネ活用、家庭の需要家には電気料金の負担抑制や節電量取引などのメリットをもたらします）。こうしたポジショニングや競争戦略は、欧州や米国カリフォルニア州のスタートアップには見られますが、日本ではNatureただ一社にあてはまる、実に個性的なものです。

Natureのように万単位のユーザーを集め、DRやVPP（仮想発電所：バーチャルパワープラント）を通じて需要家側のエネルギーリソースを電力システムに活用することを、専門家は「ウルトラアグリゲーション」と呼ぶようになってきています。電力需給のひっ迫が今後も予想されるなか、Natureが今後、給湯器やEV、蓄電池などをウルトラアグリゲートできれば、NatureによるDRは、日本の電力ネットワークにおける再エネ供給過剰の吸収や活用、調整力の脱炭素に少なからず貢献していくことになるでしょう。

キーワード解説②

DR（デマンド・レスポンス）

電力業界には「同時同量」という概念があります。電気は、そのままのかたちで需要の増加に備えて蓄えておくことができません。そのため、時々刻々、常に需要に合わせて供給を行う必要があります。この需給バランスのことを「同時同量」と呼びます。同時同量が崩れると、停電などの事故につながります。このため、同時同量の保持にあたり発電所を中心に多額のコストがかけられています。

同時同量は、従来、主に電力系統側（供給側）が調整することで保たれてきましたが、近年、供給状況に応じて需要家側が調整を行う方法に注目が集まっています。そのひとつが「DR」と呼ばれるものです。これまでの考え方では、人々の生活や企業の活動を優先し、それに合わせるかたちで電力会社が電力を供給してきました。一方、DRは、需要家にインセンティブを与えることで電力の需要側（デマンド側）を動かし、同時同量を確保します。2011年の東日本大震災以降、供給力不足が続くなか、DRの積極的な活用は、国のエネルギー政策のひとつの柱となっています。

現在のDRは、2014年から実証事業が始まり運用ルールが定められました。特に重要なのが、DRが発動された場合、電力会社が何をもって電力需要が減ったとみなすかのベースライン（需要抑制の要

DRの概念

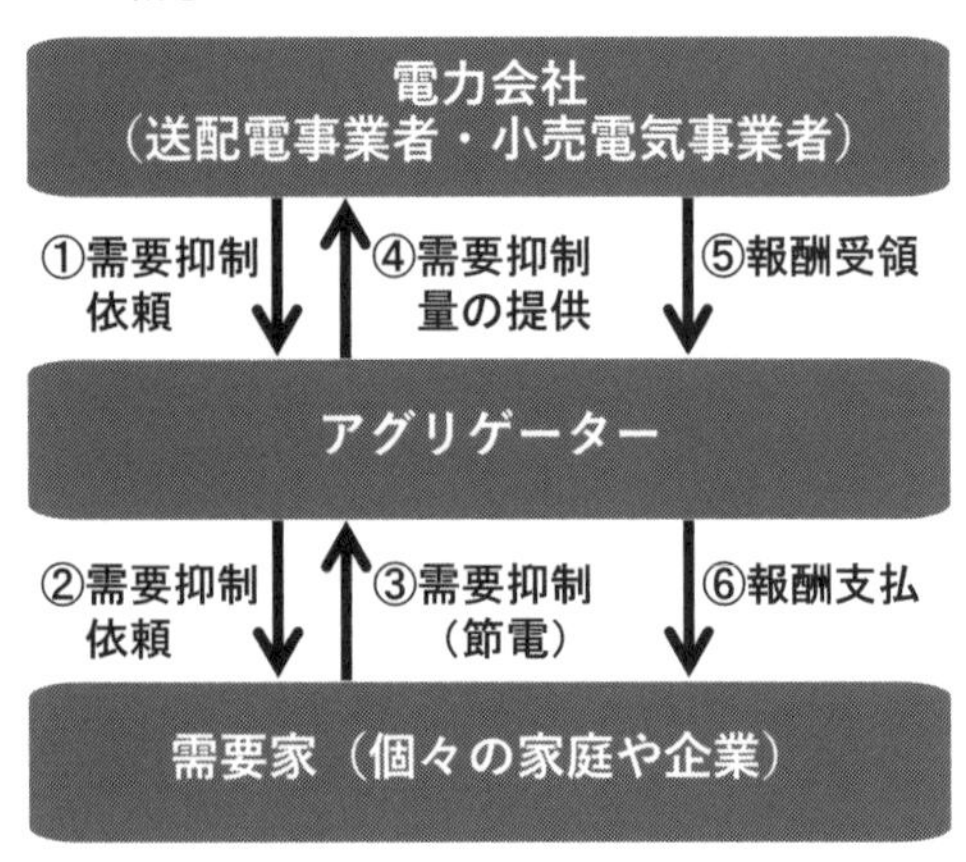

請がない場合に需要家側で想定される電力消費量であり、これを基に削減量が決まる）です。その後、２０１６年の調整力公募において、ＤＲを集めて運用するアグリゲーターと、需給ひっ迫時に発動指令をかける送配電会社の間の入札がスタートし、初めてＤＲが日本の電力安定供給システムで使われるようになりました。その後、ＤＲの落札量は増加し、今後の拡大がますます期待されています。

　また、２０２２年６月に起きた電力需給注意報、警報による節電の呼びかけ以降、家庭用のＤＲが今まで以上に脚光を浴びています。こちらは、入札ではなく、節電要請へ協力すると小売り電気事業者から対価が付与される仕組みです。政府が打ち出した世帯あたり２０００円分の節電ポイント還付もあって、多くの需要家がポイント制のＤＲに登録しています。もともと節電のために始まった小売りＤＲですが、電気の市場価格がピーク時に極めて高くなる場合においては、十分な経済合理性があります。市場価格の急上昇や長時間にわたる上限価格への張りつきは、電力小売り事業において調達価格と販売価格の逆ザヤを起こします。その際、需要の削減がこの逆ザヤ回避の大事な手段のひとつとなるのです。このように、今後は、空調機や給湯器、EV、家庭用蓄電池といった家庭にもある小さなリソースを多数同時に動かすようなDRも有力になると考えられています。

日本は現在、相次ぐ火力発電所の閉鎖と原子力発電所の停止によって発電能力に余力がほとんどない事態に陥っています。さらに、電源の多くは、国際情勢の影響を大きく受けやすいLNGです。それに加えて今後は、太陽光発電の増加による日没時の需給ひっ迫、風力発電の増加による電力需給の不安定化も予想されることから、DRをはじめとする需要側の調整力は、脱炭素電力システム構築に不可欠なものであり、再エネの導入、拡大においても重要な役割を担うことになるでしょう。

Interview 04

株式会社シェアリングエネルギー

代表取締役

上村 一行

うえむら・かずゆき

連続起業で社会に貢献し続ける

2002年、デロイト・トーマツ・コンサルティング（現：アビームコンサルティング）入社。2008年にアイアンドシー・クルーズを設立、代表取締役に就任。2018年1月にシェアリングエネルギー設立に携わり、2020年2月に代表取締役に就任。

04

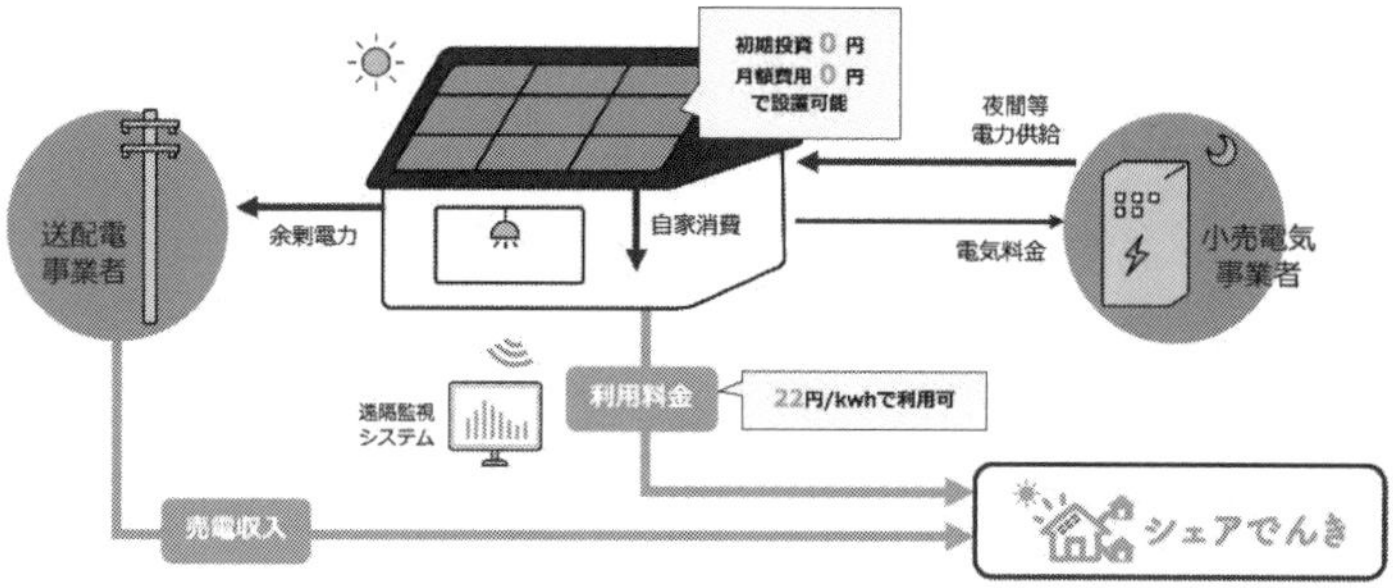

持続可能な電気をゼロ円で

「再エネによる分散型電源を創出し、エネルギーシステムを変革する」というミッションを掲げ、2018年に住宅の屋根上に特化した太陽光発電システムの無料導入サービス「シェアでんき」をスタートさせました。他社は、初期費用ゼロ円を謳っていても、設備費用をリース料として毎月徴収する場合が多いですが、シェアリングエネルギーは、あくまで導入費用はゼロ円で、屋根の上で発電したサステナブルな電気を使った分だけ安い単価でお支払いいただくというスキームです。また、大規模な事業用太陽光発電を手掛けることなく泥臭く家庭用という最も小さな単位に特化していることもあって、これまで7000棟ほどを手掛けながらオペレーションの手法を標準化してきましたし、実際に設置工事を担う地場の施工会社をネットワーク化し、ダイレクトな施工管理が全国でできています。そういう意味でも、お客さまにとっての経済メリットが最も高いサービスだと自負しています。

家庭の屋根上に特化する理由

日本は土地の制約が大きいですから、分散型電源を広げていくためには屋根上を活用しなければなりません。低圧に特化して分散型電源を広げていき、最終的には、再エネの地産地消システムを確立し、地域の中でお金と電気が循環するような社会づくりを目指します。現在は、年間数万棟以上の施工を手掛けるべく体制を強化しているところです。お客さまとは15～20年間お付き合いするわけですから、信用補完をしっかりとつくりながら、「あのシェアでんき」と言っていただけるよう住宅用太陽光におけるシェアを獲得していきたいですね。いずれはそうしたボリュームを生かし、環境価値や調整力を創出する事業にも乗り出す計画です。

経済的メリットの先にある脱炭素への貢献というストーリー

シェアでんきでは、全国のハウスメーカーやビルダー、工務店など約900社と提携し、販売される戸建新築住宅に最初から太陽光発電システムを載せています。付加価値をつけられる住宅販売事業者にも、持続可能な電気をお得に使えるお客さまにも喜んでいただけるサービスです。脱炭素に貢献するために、経済メリットを捨ててでも何かがしたいと考える人は多くはありません。経済的に少しでもお得になる先に、脱炭素に貢献しているというストーリーが必要だと考えています。そのストーリーにより深みが出るよう、ＥＶや蓄電池などと組み合わせた自家消費型ＰＰＡ（第三者所有モデル）などに取り組んでいます。例えば、２０２１年にテスラとシェアでんきを組み合わせた「シェアでんき＋テスラ」の提供を始めました。シェアでんきで発電した電気を使用し、余剰電力をテスラの蓄電池に貯め、日が暮れると蓄電池から放出された電気を使う。太陽光5キロワット時、蓄電池13キロワット時で、家庭であれば十分に回していけるサイズです。

菅義偉前首相が２０５０年カーボンニュートラル宣言を打ち出し、内閣府から地域脱炭素ロードマップが出され、その中にシェアリングエネルギーが手掛けている屋根に置く自家消費型ＰＰＡが盛り込まれました。これは、一過性のブームではなく不可逆的なトレンドだと追い風を感じています。

子供が誕生して次世代のためのビジネスを意識

10代のころから起業することは決めていて、大学時代にも大阪でパソコンの部品を集めて組み立てたオリジナルパソコンを販売したり、企業のホームページ制作を請け負ったりといったビジネスを手掛けていました。ただ、学生起業時代は目指すべきビジョンもなく、また経営に関する知識不足を痛烈に感じ、経営に関する本を読みあさっていました。当時、そうした本の著者はコンサルティングファームの方々が多く、経営者を目指すのであればコンサルティングファームに入るべきだろうと思い、新卒でデロイト・トーマツ・コンサルティングに入社しました。そこで3年ほど総合商社と仕事をしたのちに、人材ベンチャーを経て2008年に起業したのがアイアンドシー・クルーズです。このころ子供が生まれて、次世代に紡ぐべき価値観やサービスを、インターネットを通じて世の中に広めたいという思いが強くなっていました。再エネ領域との出会いもこのころです。当時、太陽光発電は今よりも数倍高い価格水準で、設置する事業者はほぼ訪問販売でした。消費者庁に持ち込まれる案件もあって、需要家と事業者の間の情報の格差は相当なものでした。そうした情報格差を是正し、マーケットが正しく発展することに貢献したいと考えました。

アイアンドシー・クルーズは、太陽光にこだわることなくインターネットでマッチングすることがコアビジネスです。じげん社という非常に相性の良い企業と出会い、ご一緒させていただくことでより成長を果たせるだろうということで、M&Aの手段を選びました。私自身は、

創業当初から再エネ領域のビジネスを手掛けていきたいという思いがあって、太陽光のコストが大幅に下がり、バリューチェーンも変化していくなかで、情報の仲介者としてではなく、当事者として「分散型電源」と呼ばれる自然エネルギーを広げる役割を担っていくべきだと思い、2018年にシェアリングエネルギーを立ち上げました。当初は、株主としてかかわっていましたが、2020年にアイアンドシー・クルーズがじげん社とご一緒させていただくことになったタイミングで代表取締役に就任しました。家庭用は、発電量ではそれほど大きな割合を占めているわけではありませんが、この社会の公器として、この領域に絞って次世代に向けてあるべき電力システムを構築できるよう集中的に取り組んでいきます。早期に株式を上場させたいですし、アジアを中心に電気の地産地消パッケージを販売するグローバル企業を目指します。

起業を目指すならすぐに実行を

ここ数年で、いろいろな働き方ができるようになり、実際、シェアリングエネルギーもフリーランスや業務委託など、さまざまな方にご支援いただいています。雇用形態、勤務形態、勤務場所が多様化して、さまざまなビジネスの方法があることを踏まえると、やりたいことがありさえすれば、起業に向けて行動に移すことで自ずと道が開けるのではないでしょうか。私自身、事業ありきで起業を目指したわけではありませんでしたが、次世代に紡ぐべき事業を手掛けていくといった軸は定まっていました。ライフワークとして、仕事というツールを使い、世の中に貢献できるサービスを手掛けられていることに非常にやりがいを感じています。

ひとくち解説

日本の住まい、特に新設住宅分野の太陽光発電機や蓄電池の設置は、大手のハウスメーカーが推進役を担っていました。環境対応やゼロエネルギー化をセールスポイントとして掲げてきたのは、周知のとおりです。

その一方で、日本の家の約7割は、ローカルビルダーといわれる地域の建売業者や地元密着で注文住宅を一軒一軒建てていく工務店の手によるものであり、さらには、消費者自身が太陽光発電や蓄電池を求める際の購入ルートが、それほど整っているわけではありません。日本の住まいがエネルギー価格高騰時代に備えて太陽光発電システムや蓄電池で電気を作る、いわゆる「プロシューマ化」するためには、消費者や大手以外のハウスメーカー、ビルダー、工務店にできるだけメリットのあるかたちで、それら装備の導入をサポートすることが求められています。

シェアリングエネルギーは、こうしたニーズに注目し、住宅を購入する消費者が初期費用をかけずに太陽光発電システムを設置することを可能にしました。新築住宅に載せる太陽光パネルなどの太陽光発電システムをシェアリングエネルギーが所有し、そこで発電された電気を住宅所有者が自家消費するスキームにより、初期費用ゼロでの太陽光を導入できるのです。

住宅所有者は、太陽光による安い電気を初期費用なしで利用できますし、ハウスメーカー、ビルダー、工務店は、太陽光発電システムを設置した住宅を販売でき、競合に対する差別化が図れます。同社の事業は、太陽光発電システムだけではなく、蓄電池やEVとの連携なども射程に入っており、今後の成長が期待されます。エネルギー価格上昇の中で、太陽光発電や蓄電池に注目が集まる今、このビジネスモデルは、その成長性が最も大きな魅力といえるでしょう。

定置型蓄電池

定置型蓄電池とは、家庭や工場、店舗、ビルなどの内部のような電力ネットワークの需要側、あるいは変電所の横といった電力ネットワークに直接接続されるかたちで設置され、蓄電・放電（電気の出し入れ）ができる蓄電池を指します。蓄電池は、もともとは家庭での非常用電源、また一部はビルや工場の電力供給安定化のために使われていました。家庭の太陽光発電の買取価格が安くなった2010年代からは、家庭用の太陽光発電を家の中で上手に貯める目的や、ビルや工場でピーク時間をずらして電気代の削減を図る目的などに利用されています。

これらの目的に続いて蓄電池に期待される新たな用途のひとつが、電気の取引（電力市場）での利用です。電力市場とは、特定日時のスロットにおける特定の量の電気の供給を売買する市場で、基本的には発電所の運営者が売り手、電気を消費する小売り電気事業者が買い手となっています。日本には日本卸電力取引所、通称「JEPX」が存在します。

一般的に電力市場では、実際の供給日時に先立ったタイミングで取引が行われますが、豪州や米国カリフォルニア州をはじめ海外の一部の国や地域では、電力ネットワークの安定と停電防止のために、再エネの当日変動、特に日没時の太陽光発電の発電量下落を蓄電池の放電によってカバーできるように当日電力市場価格などが設定されています。この制度を利用したカリフォルニア州のEV・大型蓄電池メーカーであるテスラの大規模蓄電池投資と電力市場での優れたオペレーションは、世界中から注目されています。

日本でも、今後、当日市場の活性化が見込まれており、蓄電池の設置環境は整っていく予定です。特に規模の大きい系統蓄電池は、定置型の中で単一出力が数万～10万キロワットと最も大きなもので、2022年の電気事業法改正で「蓄電所」と位置づけられ、国の補助金制度も始まって大型の新規案件の着工が相次いでいます。蓄電所は、当日市場や需給調整市場での稼得が期待できると同時に、その蓄電量で電力需給ひっ迫時に供給の最後の砦となって停電を防ぐ力も備えています。同時に、2022年以降、高騰するエネルギー価格の中で、産業用・業務用、家庭用とも蓄電池の設置は、エネルギーコスト管理の必須アイテムとなっていくでしょう。

定置型蓄電池普及の普及に向けた最も高いハードルのひとつは、蓄電池の価格です。2020年に経済産業省資源エネルギー庁で開かれた「定置型蓄電池普及拡大検討委員会」の報告書によると、2020年時点の日本の家庭用蓄電池の価格は概ね9万～15万円（家庭用では工事費込みで19万円）／キロワット時で、2010年代にリチウム電池の圧倒的な量産と生産革新をとげた中国や韓国の製品を大量に利用する米国・豪州に比べ、2倍近い価格となっています。同検討会は、2030年に設置工事費込みで6万～7万円／キロワット時の水準を実現することを掲げ、電池の流通改革やコスト高の原因となっている各種規制の緩和などを図ることを提言、関係省庁で現在さまざまな補助金等普及促進施策が打ち出されていま す。現在の普及見通しでは家庭用で35万台が見込まれています（資源エネルギー庁、「定置用蓄電システム普及拡大検討会の結果とりまとめ～三菱総合研究所」、2021年2月2日）。

Interview 05

株式会社プラゴ

代表取締役CEO

大川 直樹

おおかわ・なおき

「続けたくなる未来」を EVでデザインする

05

1980 年生まれ。電通に入社し、通信事業者のマーケティング、キャンペーンプランニングを担当。2010 年に家業である自動車部品メーカーの大川精螺工業に入社し、2013 年にメキシコの現地法人をゼロから立ち上げ、2018 年に代表取締役に就任。2018 年 7 月にプラゴを創業。2021 年に大川精螺工業の代表取締役を退任し、プラゴの経営に専念。

ＥＶ充電器の開発に加えてユーザーに体験を提案

プラゴは、ＥＶ充電サービス事業者として充電器やアプリを提供するだけではなく、ユーザーに寄り添った心地良い充電体験をビジネスを通じて提案しています。社名は、充電器の差し込みのプラグと英語の「ＧＯ（進む）」を合わせたもので、社会の姿をＥＶ充電で変えるという夢を込めました。未来のＥＶのあり方や社会実装するための条件を関係者やユーザーが決めつつある重要な時期だからこそ、充電サービスを通じてＥＶの利用をより快適にし、「ホスピタリティ」、心からのおもてなしや深い思いやりを感じられるようにすることで、ＥＶを使い続けたくなる環境をつくる必要があると考えています。充電器で提供する電気は、再エネ由来で移動の脱炭素化を実現します。

デザインの魅力、サービスの心地良さにこだわる

提供する充電器はデザインを洗練させ、視覚的ノイズのない、目に入って邪魔にならない環境に調和した形状にしています。スリムな四角柱状の「ＰＬＵＧＯ ＢＡＲ（プラゴバー）」、次頁の写真」、壁面型の「ＷＡＬＬ（ウォール）」があり、お客さまの要望に合わせて外装の色や雰囲気を変え、景観に溶け込ませて設置できるようにしています。ＥＶの普及が始まっているにもかかわらず、充電器が景観に与える影響への配慮はまだまだ少ないように思いますし、ユ

ーザーの心地良さにも十分に目が向けられていないように思います。日本は、美しい国であるにもかかわらず、電柱や電線が景観のノイズになっていますよね。電力網をつくる最初の段階で、電柱と電線を使うと誰かが判断したのでしょう。同じように、ＥＶの充電インフラはその姿を選択する局面にあり、その選択が、今後、日本の景観に影響を与えます。今、充電器を選ぶことは未来の景色を選ぶことだと思い、デザインに配慮しています。

ＥＶ充電器で人の流れと場所が変わる

居住しているマンションにない、戸建てでも装備しない、都心部ではＥＶ所有者のうち自宅に充電設備を持たない人が４割になると推計されます。近くの空いている充電器を探して利用しているものの確実に充電できる場所がない、そのような人たちは「充電難民」と呼べるでしょう。充電器がないばかりにEVを買わない人もきっといますよね。そこで、自宅や職場など生活の中心になる場に加えて、「サードプレイス（第三の場所）」での充電器が重要になります。スーパーマーケットなどの商業施設やゴルフ場などのレジャー施設、公共の駐車場が想定され、実際に設置を進めています。EV充電器を置くと、車の流れと使われ方、人の流れが変わります。それを踏まえたうえで、お客さまの要望に合わせた設置、サービスの提案をしています。

また、観光地におけるEVによる来訪促進では、小型電動モビリティへの乗り換え、エコツアーなどの体験を提案。プラゴ独自のIT（情報技術）サービスでEVユーザー向けのクーポンや情報の提供も可能で、新しい価値の創出を支援します。これまでに埼玉県の長瀞町、長野県の小布施町や軽井沢町などとEVインフラ整備に関する協定を結び、一緒に取り組みを進めています。

メキシコでの現地法人立ち上げ

以前は、家業の自動車部品メーカーの大川精螺工業という会社を経営していました。家業を継ぎたいという思いは幼いころからあったのですが、その前に、あえてものづくりをしない仕事をしようと入社したのが、広告代理店の電通です。通信事業者のマーケティングや販売マーケティングなどの最先端の分野の仕事を手掛けることができ、そこで学んだ多くのことが今の仕事にもつながっています。

２０１０年に大川精螺工業に入社し、２０１３年にメキシコに赴任、現地法人の立ち上げに携わりました。自ら志願したとはいえ、幹部社員が定着せず非常に苦労しました。そこで思い出したのが祖父の時代から貫いてきた家族経営的な社風です。「グランファミリアカンパニー（大家族会社）」というコンセプトを打ち立て、全社一体を目指したことで経営を軌道に乗せることができました。２０１８年に帰国して社長に就任しましたが、プラゴの事業を拡大して上場を目指すため、社長を弟に譲り、プラゴの社長に専念することにしました。

起業は１ユーザーとして「変えたい」という思いから

２０１８年に帰国したのを機にＥＶを使い始めたのですが、とても使い勝手が悪く感じました。居住するマンションに充電器がなく、まさに「充電難民」でしたし、ショッピングモールで充電するにしても、課金時の面倒な手続きや充電器の利用方法がわかりにくいといったUX（ユーザーエクスペリエンス）の面で一ユーザーとして不満を感じていました。こうした自ら感じた不満を解決することにビジネスチャンスがあると思いました。そして、以前から一緒に仕事をしてきたアートディレクターの山崎晴太郎さんと議論を重ねるうちに、ビジネス、そしてデザインの力で、EVと社会の新しい関係をつくりたいと思うようになり、ともにプラゴを立ち上げました。山崎さんは、チーフ・デザイン・オフィサー（CDO）に就任し、2021年にはデザイン部門のプラゴ・デザインセンターを立ち上げました。

本格的にプラゴが動き出したのは2021年からなのですが、立ち上がったばかりでも5億4000万円を投資家から調達できました。私たちの考えに対する投資家の期待の表れだと思います。それに応えるためにも、2027年を目標に株式公開を果たしたいと考えています。

異質なものを融合させて新しい価値を生み出す

デザインやソフトウェア開発、ものづくりなど、バックグラウンドの違う人を集め、知恵を出し合うために「多様性」を意識したチームづくりをしています。特に、若い世代に自分たちの使い続けるエネルギー・環境インフラの構築に関わってほしいと考えています。私は、広告代理店と自動車部品製造という2つの仕事を経験し、異質な2つの業界での体験を糧に新しい発想やビジネスをつくってきました。異質なものを融合すると新しいものが生まれます。「ものづくりに無形価値であるデザインを融合させる」という発想も、こうした経験からヒントを得ています。

EVは、エネルギーと自動車の2つの産業の間にできた、まさに融合による新しい産業です。どちらも先人がしっかりとした仕組みをつくった産業であり、それは、素晴らしいのですが、かっちりと固まってしまった面もあります。前例にとらわれない多様な発想が、産業の姿をより良くすると確信しています。

ひとくち解説

EVの登場によるクルマ生活の一番の変化は、いうまでもなく充電です。充電まわりの整備と充実がEVの普及や活用のカギを握っています。最近では、駐車場の電気設備容量が不十分で、EV充電器が設置できず自宅で充電できなかったり、出先で充電器を探しながら方々移動したり、目当ての充電器が先客や故障で使えなかったりと、さまざまな困難に直面する「充電難民」が急増しています。EV普及に必要なインフラ整備は、待ったなしの状況です。

プラゴは、EVユーザーの「充電体験」を起点にしたスタイリッシュな充電器のラインナッ

プと、それらを軸にしたサービスを提供する今までにない企業といえます。とりわけ、これまで見逃されがちだったデザインという人の感性に訴える要素に目をつけた点は、長期的な競争優位につながるものです。また、家充電や外充電などさまざまな場合を想定している点も優れています。さらに、日本で初めて充電に再エネを１００％使用するなど、ＥＶの将来を見据えた取り組みへの感度も高いです。

欧州には、Octopus Energy（オクトパスエナジー）、ＪＥＤＬＩＸ（ジェドリックス）、Ｎｕｖｖｅ（ヌービー）、eMoterWerks（現：enelx〈エネルエックス〉）など、ＡＩ（人工知能）を活用したスマートチャージング、ユーザーソリューションで成長中のスタートアップが数多くありますが、プラゴの持つポテンシャルはそれらに十分匹敵するものではないでしょうか。

ＥＶの登場、普及によってクルマ、電力、街、人々は、今までよりも大きな関わりを持ちます。その中核には、プラゴのようなサポート役が必要になるわけです。

Interview 06

株式会社EVモーターズ・ジャパン

代表取締役社長

佐藤 裕之

さとう・ゆうじ

福島で培った電池のノウハウをEVバスに

1980年、鳥取大学工学部電気工学科卒業、日鉄エレックス入社。1985年にFAシステム事業部でリチウムイオン電池充放電検査装置エンジニアリングに従事。2010年にソフトエナジーコントロールズを設立、同社最高技術責任者、同社代表取締役を経て2019年にEVモーターズ・ジャパンを設立。

06

きっかけは電池生産ライン事業

私たちの生活に欠かせないリチウムイオン電池は、ＥＶやスマートフォンなどのモバイル機器など、さまざまな用途に使われています。そんなリチウムイオン電池の製造生産ラインの開発に携わったのが、ＥＶモーターズ・ジャパンを起業するきっかけになりました。

リチウムイオン電池に出会ったのは、新日本製鉄（現：日本製鉄）の子会社に所属していた時代です。１９８０年代の製鉄業界では、生産ラインのオンライン・自動化技術の導入が始まりました。ある日、同技術の開発を担当していた私のところに、大手電機メーカーからリチウムイオン電池の製造にも同様の自動化技術を導入したいというオファーが舞い込んできました。電池製造のうち、活性化工程と呼ばれるプロセスでは、電池が完成する直前で、充放電を繰り返すことで内部の不純物を取り除き、徐々に電圧を上げていきます。リチウムイオン電池が世に出た初期段階では、このエネルギーを熱に変換して大気に放出していました。すると、工場内の温度は50℃を超えることになり、作業員は過酷な労働環境下にさらされることになります。これが作業の大きな負担となっていました。そこで、電池から発生する直流電力を工場で利用できる２００ボルト交流に変換して、工場内の系統電力として消費する仕組みを考案し、実用化しました。その後、この自動化ラインは、国内はもとより海外メーカーからも受注をもらい、普及していきました。

しかし、新日本製鉄本体が製鉄事業を強化するにあたり、関連事業以外を切り離すとの方針から、同事業から撤退することになりました。私を含めた部署のスタッフは、すでに電池業界に深く入り込んでいたことから製鉄の仕事に戻る気になれませんでした。そこで、10人程度の仲間とリチウムイオン電池の自動化ラインのスタートアップを立ち上げることになったのです。

EVを軸とした福島復興に乗り出す

電池業界のキラーコンテンツは「ＥＶ」です。同市場の動向次第で大きく左右されます。会社を立ち上げた２００９年は、日産自動車が「リーフ」を発売した年で、「第一次ＥＶブーム」と呼ばれた時期です。これから自動車はすべてＥＶに変わる――。そんな機運が高まり、電池業界もそこに携わる人たちも同じ夢を描いていました。それを横目に見ながら新会社を運営してきたのです。

そうしたなか、２０１１年3月に東日本大震災が発生します。新会社のインバーター工場は福島県内陸部の会津地方にあったため大きな被害はありませんでしたが、3日間にわたり停電状態が続き、他人ごとではありませんでした。太平洋沿岸の惨状はとてもショッキングで、瓦礫が散乱する状況をテレビや新聞で見るたびに、早々に復興するようなことは到底考えられませんでした。しかし同時に、瓦礫の処理が終わり、除染作業が終わったら、何か協力できるこ

とはないかと強く思いました。
その後、元知事と工場スタッフが親交があった関係から、直々に「福島県が基幹産業である、電池を核にした新しい防災システムを提案してくれないか」と要望を受けました。これに応えるべく思案するなかで、被災後、交通インフラがなかなか復旧していかないことが目に止まりました。「鉄道は全面再開できず、復興にはバスもしくはBRT（バス高速輸送システム）しかない。これらにEVを活用すれば、ランニングコストが大幅に下がり、バス事業を黒字化できる可能性があるのでは」。そう考え始め、充放電装置事業に携わりながら、EVバス開発も並行して手掛けるようになったのです。

商用EVの専門会社を起業

2019年にEVを手掛けるEVモーターズ・ジ

ャパンを立ち上げました。リチウムイオン電池開発で培ったパワートレインをコア技術に、2020年までにEVバスをつくることを目標としました。2020年以降、東京オリンピックや大阪・関西万博など、世界的なイベントがあり、ここでアピールすることで商用EV車普及の起爆剤につなげられるためです。しかし、新型コロナウィルスの影響により2年ほどずれ込み、2022年にようやく完成しました。

EVバス開発における課題は、重量の関係で適正のバッテリー容量を積むことができず航続距離が長くならないこと。もうひとつは、小さい容量のバッテリーでモーターを駆動させるので、負荷がかかり電池があっという間に寿命を迎えてしまうことです。これを解決する方策のひとつに、車体の軽量化があります。日本メーカーの多くは、エンジンで利用する重い車体を用いてEV化を図っています。これが、航続距離を伸ばすことができない大きな原因です。車体を軽量化しないと、EV化は成功しないと考えます。少なくともバッテリー搭載分の重量、大型バスなら2~3トンは軽くしないといけない。そうして初めて適正なバッテリー容量を積めるようになり、航続距離が確保できるようになります。

充電インフラを整備していくことも重要です。現在、EVモーターズ・ジャパンのバスが充電で必要とする電力は200キロワット程度です。10台同時に充電すると2000キロワットに上ります。小さい事業所では、これまで50キロワット程度の低圧受電で運営していたところが、急に数千キロワットの電力を使用するようになると、電力集中が発生して電源系統が破綻することになりかねません。そのため、系統に頼らず、なるべく自社発電で充電できるよう、会社の建屋に太陽光発電を設置して、対応可能なエネルギーマネジメントシステムを構築することが必須になると考えます。ある程度まとまった台数のＥＶを導入することを検討する企業があったら、そうしたシステムの提案ができないと厳しいと思います。ＥＶモーターズ・ジャパンは、福島復興を掲げた10年前からＥＶの開発と並行して、そうしたシステム開発にも取り組んできました。ＥＶの充電インフラ構築に必要なハードは準備ができており、システムを含めて販売していく構えです。すでに沖縄県のバス会社である第一交通産業グループが、約５００台運用するバスを順次ＥＶバスに切り替えていく方針で、ＥＶモーターズ・ジャパンのバスが採用される予定です。

また、２０２５年開催予定の大阪・関西万博に向けて、ＥＶバスを走行させるための実証実験が２０２２年から始まるにあたり、車体を提供します。ここでは、自動運転や走行中の非接触給電などの検証が行われる予定です。大阪・関西万博を機会に、商用車分野ではＥＶがこれまで以上に注目され、市場拡大につながるのではないかと期待しています。

ひとくち解説

世界中の常識として、自動車の電化、つまりEVの製造・普及促進の主役は、20世紀初頭から自動車産業で大きな成功を重ねてきた完成車メーカーだと思われていました。エンジンを内燃機関からモーターに変えるだけなので、完成車メーカーには圧倒的な優位性があり、個々にEV化に取り組んだ経験もあったからです。

ところが、2022年現在のEV市場では、既存車の簡単な蓄電池転換改造を生業とする企業や、時間帯別の電力市場の動きに合わせた充電ソリューションを提供する企業など、むしろ電気系の技術を志向する企業の成長と成功が目立っています。EV市場のリーダーである米国のテスラは、完成車のノウハウなどなかった元・蓄電池メーカーです。EVモーターズ・ジャパンも、そのような意味では電気系の技術志向の強いスタートアップといえるでしょう。

EVモーターズ・ジャパンは、リチウムイオン電池とアクティブ・インバーターに関する高度な技術を持つスタートアップです。同社の技術は、電力消費を大幅に抑えつつ、電池の劣化防止を可能にします。EV転換へのニーズが高まっている商用車市場に対し、この独自技術を用いて、グローバルに見ても競争力のあるEVバスやEVトラックなどを販売しています。

同社は、蓄電池やアクティブ・インバーターに関するノウハウと、中国メーカーをうまく使った高品質なつくり込みなどがユーザーから高い評価を受けており、フリート（法人所有の車

商用EVをコアに5つの柱でソリューションを実現

EV Motors Japan

EVMJは、エネルギーマネジメントの一端を担い、ゼロエミッション社会の実現を目指すため、商用ＥＶをコアに、リユースバッテリー・ソーラー発電システム・燃料電池・充電インフラを含めた**5つの柱をベースに、日本の技術でソリューションを実現**して参ります。

両、あるいは事業で使用する車両）向けＥＶソリューションのトップ企業となれる存在といえます。特に２０２５年の大阪・関西万博で実績を積むことは、ＥＶモーターズ・ジャパンの世界的な評価につながると思われます。

EVがもたらすインパクト

EVは、100年以上前から世界各国でつくられていた、実は〝古い〟乗り物です。1900年代序盤には、島津製作所の2代目社長で、蓄電池の研究家でもあった島津源蔵が輸入改良によるデトロイト号を京都の街で乗り回していたほか、たくさんのEVが走っていた記録があります。

その後、ガソリン自動車にクルマの主役を譲ったEVですが、このところ各国で一気に人気商品となり、その波は徐々に日本にも押し寄せています。人気の理由には、価格面でネックとなっていたバッテリーが、2010年以来、生産革新で高機能・低価格化したこと、人々の地球環境保全への意識の高まり、さらには各国政府の補助策などが挙げられます。特に2022年の世界的エネルギー危機においてガソリン価格が高騰を見せてからは、それまでの商用車・公用車を中心とした需要に加え、個人が生活防衛手段としてEVを購入する動きも出てきています。

EVが普及することで、私たちはどんなメリットを享受できるのでしょうか。走行エネルギーがガソリンエンジンから電気モーターに変わり、走行時のCO_2排出がゼロになることはもちろんですが、EVは、家の中の蓄電池、あるいは移動する蓄電池という新しいエネルギー機器になり得ます。しかも、その蓄電量は、定置型の家庭用蓄電池の10～30倍と極めて大きく、上手に使えばユーザー、さらには社会に大きなメリットをもたらします。

例えば、住戸の太陽光発電の電気を昼間にＥＶにうまく貯めて夜間に使えば、その分夜間に使う電気を節約できます。今までの電気料金は、昼間は高く夜間は安く設定されていました。そのため、賢いユーザーは、昼間は太陽光発電を利用したうえで、夜間の分もできるだけ昼間に貯めておくように工夫しています。ＥＶは、そのようなユーザーを助ける蓄電ツールとなるでしょう。

さらに、ＥＶは電力ネットワークの品質向上にも役立ちます。今後、家庭用の太陽光パネルが増えるなか、日没時の発電電圧の低下など電力ネットワークの不安定化が懸念されます。そこで、日没時は充電しない、または電力需要の低い時間帯に充電する、といったピーク制御がＥＶを通じてできれば、電力の品質や配電設備の効率化に大きく貢献するとみられています。

また、非常に期待されているのが災害時・大規模停電時のレジリエンス（強靭化）価値です。２０１８年と２０１９年の台風災害時には、たくさんのＥＶが千葉県はじめ被災地に送り込まれ、スマートフォンの充電、避難拠点への電気の供給に活躍しました。各家庭の生活維持や拠点への電気供給にＥＶを、〝移動できる蓄電池〟としてうまく活用できれば、社会においてガソリン自動車にはなかった強みを発揮することは間違いありません。

こうしたＥＶユーザーのメリットや社会貢献における強みを生かすためには、どのように充電設備の設置や設備工事を行うか、いかに最適充電するかなど、その知見でユーザーをサポートするさまざまなプレーヤーが求められます。日本政府は、電力ネットワークとEVが最適運用や設備効率化のために取引を行うプラットフォームの整備に現在とりかかっており、そこには、EVメーカーだけではなく、多くの充電、タイムシフト、サービスの専門家が関わります。そのような連携、協力のもと、高いユーザーメリットと社会便益を生み出すことで、あるべきEVのインパクトが初めて生み出されるといえるでしょう。

Interview 07

株式会社メディオテック

代表取締役

松本 秀守

まつもと・ひでもり

ユーザーのニーズに応え再エネ普及の先駆者へ

1966年、福島県生まれ。高校卒業後、日立製作所に入社。3年半ほどで大企業を離れ、その後は第二電電（現：KDDI）の電話回線、フルコミッション制での英会話教材の営業職を経て、携帯電話販売の総代理店の設立に携わる。1996年7月にメディオテックを設立。

07

ユーザーのニーズに応えることが結果として脱炭素に

カーボンニュートラル実現への取り組みは、すでに大手企業が先行しているので、起業以来、小さな会社に何ができるのかということを常に考えてきました。メディオテックの原点は、「ユーザーが何を求めていて、何を提供したら喜んでもらえるのか」というところにあります。HEMSを手掛けるようになったきっかけも、太陽光パネルを設置したお客さまのフォローアップのためでした。最初は、専用モニターで太陽光の発電量や、部屋ごとの電気の使用状況を確認できるよう「見える化」していたのですが、お客さまからメンテナンスをどうするのかという問い合わせがあったのです。専用モニターには、異常を知らせる機能はありませんでした。毎月点検に行くのは難しいですし、かといって故障を把握できないことは問題です。そこで、不具合が生じたときにアラートやメールで通知する機器の開発に乗り出しました。この構想に賛同し、技術的な裏づけに協力してくれたのが大井電気さんでした。

開発を始めてからほどなくして、HEMSが登場しました。補助制度があるHEMSのほうが、お客さまにとっても設置しやすいだろうと考え、HEMSの製作に切り替えました。スタートは、省エネではなくメンテナンスの課題解決のためでしたが、最近の脱炭素化の流れで、蓄電池やEVが普及するにつれ、制御技術への関心が高まってきました。そこで、2018年に「ダイレクトパワー」という電力小売り会社を立ち上げ、料金が安いときに電気を貯めて高いときに放電したり売電したりできるダイナミック・プライシングの料金プランをつくりました。市場連動型の電気料金プランを打ち出したのは、私たちが最初です。それまでは、深夜や太陽光が発電している時間帯に蓄電するといった考え方が主流でしたが、「料金が安い時間帯に電気を貯める」という指標ができたことで、ＨＥＭＳのプログラムを組みやすくなりました。

太陽光発電の普及を促す2つのビジネス

現在、私たちの強みであるＨＥＭＳを活用してＶＰＰを構築し、再エネに関するさまざまなサービス展開を目指しています。まずは、太陽光パネルの普及拡大を進め、そこで発電された電気を私たちのＨＥＭＳ「ミルエコｍｉｎｉ（写真）」で管理し、将来は、蓄電池と組み合わせた運用を想定しています。太陽光発電は１カ所でも多いほうがよいので、集合住宅の屋根と遊休地の野建てに太陽光パネルを無償で設置するビジネスを展開しています。

集合住宅の屋根向けの「ソラシェアダイレクト」は、屋根の上で発電した電気を入居者全員で消費する「一括受電」です。次のステップとして、

蓄電池も併設し、蓄電池に貯めた電気も全入居者で使用する形にしたいと考えています。遊休地向けも同様に、太陽光の余剰や料金が安いときに購入した電気を貯めて、料金が高いタイミングで自家消費するよう運用していきます。いずれにしても、いかに最適な制御ができるかが大きな課題です。

他社との差別化が生き残りのカギ

当初、HEMSメーカーは200社ほどあったと記憶していますが、現在、電機メーカーを除き、HEMSを単独で扱っているのはメディオテックくらいではないでしょうか。HEMSと太陽光を組み合わせたビジネスで生き残れたのは、いくつか重要なポイントがあったからだと思います。

例えば、「ECHONET Lite」という通信規格に対応し、ほとんどのメーカーの蓄電地との接続を可能にしたことです。他社のHEMSの中には、自社の蓄電池にしか対応していないケースがあります。私自身、HEMSとEVの両方を使っていますが、他社のHEMSでは、V2H（Vehicle to Home：EV搭載の蓄電池に貯めた電気を家庭で使用するシステム）がタイマー制御しかできません。そのために、EVに貯めた電気を活用しきれないケースも珍しくないのです。私たちのHEMSであれば、AIで過去の行動範囲を分析することによって、車を使う時間帯に合わせた充放電管理ができます。この特長を生かして、ＶＰＰプラットフォームあるいはＶＰＰコントローラーの役割を担うべく、実証を行っています。

太陽光ビジネスを始める前は、大手の家電量販店を通じて電気工事を受注していましたが、突然発注が止まったことがありました。苦しかったそのときの経験から、お客さまと直接つながっていかないと生き残っていけないという意識があり、営業には力を入れています。例えば、他社の場合、太陽光パネルの設置場所をその地域の不動産仲介業者から仕入れることが多いのですが、メディオテックは、自分たちで探して地主さんに直接営業をかけて取得しています。自ら設置場所を獲得して太陽光パネルを設置し、そこで発電した電気を販売しているのです。

借金返済の手段として起業

実は、メディオテックを起業したのは借金返済のためでした。最初に起業したのは、携帯電話を販売する総代理店で全国展開もしていましたが、当時の社長がお金を使い込んで資金繰りが悪化。従業員の給料が支払えず、私が借り入れをしなければならなくなったのです。結局、会社は倒産し、借金だけが残りました。ですから、決して初めから起業に大義があったわけではないのです。今、ＲＥ１００などを背景に再エネを導入したいと考える大手企業が増えています。中小企業と比べ、再エネの導入によって金利や資金調達に影響が出やすいことも要因のひとつでしょう。再エネの固定価格買取制度（FIT：Feed-in Tariff）による太陽光発電は、再エネを謳ってはいけないこともあり、私たちの太陽光発電の電気の需要は高まっています。大義を考える間もなく始めたビジネスですが、社会のニーズには真剣に向き合い続けてきました。今は社会に貢献していると自負しています。

再エネ普及の先駆者を目指して

最終的な目標は、VPPによる地産地消を完結させることです。現在、3つの実験を考えています。1つ目は、太陽光パネルと蓄電池を併設し発電した電気を全部貯めるパターン、2つ目は、太陽光パネルを過積載して余剰電力を蓄電池に貯めるパターン、3つ目は、料金が安い時間帯に系統から購入して電気を貯めるパターンです。どのパターンが一番効率的なのかを実験し、それぞれをうまく組み合わせる方法を模索中です。

ひとくち解説

HEMSと太陽光という強みを備えたメディオテックは、太陽光無料設置サービス、いわゆる「第三者所有モデル」をベースに、太陽光領域で事業を展開するスタートアップです。同社は、「第三者所有モデル」を賃貸集合住宅や事業者に展開するとともに、電力小売りや小口の再エネ電源投資仲介なども手掛けています。

それらの事業のうち、賃貸集合住宅向けの「ソラシェアダイレクト」は、賃貸集合住宅をターゲットとしています。賃貸集合住宅は、長い間電力のビジネスにとって扱いにくい市場でした。世帯1軒あたりの使用量が少ないため、小売り販売としてはそれほど利益が見込めません。さらにオーナーと入居者が異なり、かつ入れ替わりもあるので、サービスの内容や訴求する手法も戸建て住宅ほど簡単ではありません。一方、扱いにくい市場ながら、実は、まとめれば大きなエネルギーリソースになるという魅力もあり、米国では、賃貸集合住宅の給湯器を周波数安定用の高速調整力に用いている事例もあるのです。

メディオテックは、エネルギーマネジメントとVPPの経験に基づいた高度なノウハウ、さらに蓄電池ビジネスも視野に入れていることから、単なるソーラーパネル設置とは一線を画すエネルギーサービスプロバイダーに成長する資質を十分に持っています。再エネ大量導入によって需給調整能力がますます必要になるなかで、メディオテックの活躍の場は、さらに広がることになるでしょう。

株式会社エコスタイル

代表取締役 社長執行役員

木下 公貴

きのした・まさたか

子供たちの未来のために「できるまでやる」

1969年、熊本県八代市生まれ。神戸大学経営学部卒業。証券会社、商品取引会社、損害保険会社などで経理・財務などを担当。2008年、前職の商品取引会社の廃業に伴い、経営不振に陥ったエコスタイルの経営権を譲り受けて社長に就任。

08

資金繰りが厳しいから私が社長に

２００８年3月、リーマン・ショック直前の38歳という再就職が難しい年齢で、前職の商品先物取引会社が廃業して解雇されました。まだ３歳の双子の男の子がいて、家族を食べさせなければなりませんでしたし、同僚たちもみんな同じような事情を抱えていました。そこで、オール電化の訪問販売会社だったエコスタイルを譲り受けて20人で再スタートを切ることにしたのです。とにかく当時はお金がなくて、１カ月先に存続しているかさえ危ぶまれるような状況。資金繰りが経営の最重要課題ということで、経理や財務などのお金まわりの仕事をしていた私が社長を任されることになりました。

自らが「ほしい」と思う商品・サービスを追求

オール電化は売れると信じて始めたのですが、すでに下火になっていて、常に自転車操業を強いられました。２００９年に導入費用の10%を補助する住宅用太陽光発電の助成制度が始まり、商材として追加しました。同年、テレアポ（テレフォンアポインター）からの契約が1～2件しかなくなり、藁にもすがる思いで同業他社の見よう見まねでウェブを構築して集客を始めたところ、粗利は限られているのですが、お客さまが集まるようになりました。

私の仕事の信条でもありますが、「すべてに誠実であること。すべてに挑戦すること。すべてに努力すること。すべてに謙虚であること。すべてに感謝すること」を、このときから徹底しています。自分たちがほしいと思う商品・サービスでなければ、お客さまが求めるわけがありません。会社を守り生活していくために、とにかく自分たちがほしいと思う商品・サービスを出していこうとこれまで努力してきました。

何にでも挑戦した20代の経験が修羅場を乗り越える力になった

大学が経営学部の会計学科ということで、前職の商品先物取引会社では、経理、財務、経営企画、総務の業務を経験してきました。実務を学びながらお給料をもらい、自身のスキルが向上することが楽しくて何にでもチャレンジし、すべて完結させてきました。当時の私は、自身の仕事の守備範囲を広め、仕事のスキルを高めることで自身を高く売りにいくことしか考えていなかったと思います。営業の仕事にも興味があり、外資系損害保険会社の対面営業、サラ金業の貸金回収業務も経験しました。何にでもトライしたい20代。そのときの経験の積み上げは間違いなく、仕事上の修羅場を乗り越える力になっています。

飛躍の原点は産業用太陽光への特化

２０１１年の東日本大震災後に顧客からの問い合わせがぱったりと止まり、それまでの資金

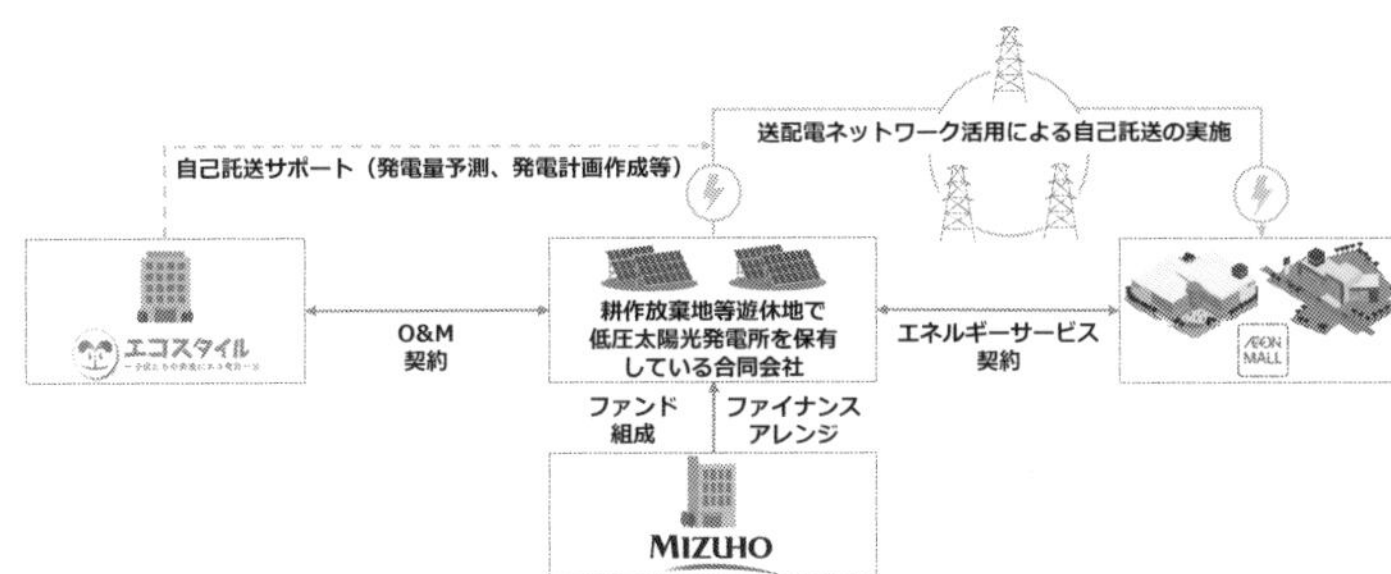

調達のお願いはすべて断られてしまい、これで会社が終わると覚悟しました。そんなとき、東京電力管内での計画停電の余波から住宅用太陽光発電の価値が急上昇して、一気に問い合わせが復活したのです。

さらに、2012年7月にFITが始まり、これを機に、新規に住宅用太陽光を手掛けることは取りやめ、産業用太陽光に100%集中することを決めました。これがエコスタイルの最も大きな転換点であり、飛躍の原点となりました。相変わらず資金が潤沢にない状況下でのメガソーラー（大規模太陽光発電）開発は、運転資金不足と資金回収リスクが高いことから、50キロワット未満の小規模・低圧太陽光に特化しました。全国各地の土地と設備・工事をセットにして「土地付き太陽光発電」という投資商品を仕上げてウェブで販売展開し、2022年8月までに1万4600件、800メガワットを開発完工してきました。国が推進する制度化の厳しい競争の中でどうしたら生き残れるのか、お客さまに選択いただけるために何を提供するのかを徹底的に追及してきました。

太陽光業界を先導する企業を目指して

「太陽光はエコスタイル」というブランドを築き上げたという自負はまだありません。エコスタイルでなければできないことをやりきることで、太陽光業界を先導しなければならないという強い思いがあります。2021年には、業界に先駆けてオフサイト非FITの太陽光発電所の開発に乗り出しました。ただ、この年は、国の脱炭素政策に向けた制度の詳細がなかなか固まらず、完工してもお客さまが様子見してしまい引き渡しにならず、営業赤字を計上するなど非常に厳しい一年でした。しかし、私たちが進んでいる道に誤りがないことを確信できていたので、まったく不安はありませんでした。案の定、政策詳細が固まった段階で一斉に需要家が動き出しました。今は、お客さまの期待に応えるべく設置場所である土地収集開発に注力している状況です。

目指すは売上高5000億円

エコスタイルは、CO_2を吸収する森林を伐採して発電所を建設するようなことは一切していません。地元対応にもしっかりと取り組みながら、耕作放棄地を中心とした遊休地など発電所の適地を社員が足で探してきます。安心して購入いただける発電所を、お客さまのニーズに応じて一番良いスキームにてご提案します。事業を始めた当初の売り上げは3億円。それが

２０１６年３月期には１３０億円と約40倍に拡大することが見えたおり、エコスタイルの責任者会議において、「40倍ができるから、次の40倍の５０００億円もできる。だから挑戦しよう」と伝えました。子供たちの未来にエコ電力を実現するために、どうやればできるかを思い続ければ必ずできると思っています。会社を始めたきっかけは、あくまでも自分たちの生活のためでした。しかし、エコスタイルは、社会における存在意義と存在価値をしっかりと確立できたと思います。私たちが行動することによって再エネが普及し、子供たちの未来のためになっている。みんなが同じ方向を向いて仕事に臨めるようにしていくことが、経営者としての私の仕事です。

当たり前のことをできるまでやりきる

中学・高校時代は、サッカー漬けの日々でした。サッカーを通じて、体力と自分に負けない精神力を備えることができたと思います。今は、仕事が趣味であり、生活そのものになっています。お金がほしいというよりも、仕事が楽しくて仕方がなく、いまだに売り上げを伸ばすことばかり考えています。仕事で心がけていることは、「できるまでやる」ことです。当たり前のことをやりきることは意外と難しいことで、価値があることなのです。だからこそ、当たり前のことを徹底してやりきることを心がけています。

ひとくち解説

2000年代までの電力ビジネスでは、電気は大きな発電所で作られ送られていました。発電の工場施工や電気工事、それらを管理するノウハウは、電気を作る電力会社に集中していたといえるでしょう。

ところが、2010年代以降、電力ビジネスは分散化の時代に入ります。太陽光発電に代表されるように、あらゆるところで大・中・小規模の発電設備の設置工事や施工管理、関連電気工事が行われ始めました。それらの仕事は、各地の電気工事事業者が請け負うことになりますが、品質を確保し、ユーザーの信頼を獲得、保持し続けることは容易ではありませんでした。2020年のFIT法改正では、一部事業者の工事施工のまずさ、災害時の迷惑設備化などが大きな問題になり、事業規律が強化されました。

エコスタイルは、小規模・低圧の太陽光発電に特化し、ノウハウや実績、信頼を積み上げてきた開発・施工会社です。エコスタイル独自の制御技術を用いて、需要家に価格変動リスクがない再エネを供給するビジネスを展開しています。また、耕作放棄地を利用した小規模の案件に特化することによって、地元との係争や森林破壊などの問題を回避しており、今後、エネルギー価格が上昇するなかで、その強みは揺るぎないと考えられます。

Interview 09

株式会社クリーンエナジーコネクト

代表取締役社長

内田 鉄平

うちだ・てっぺい

企業の「RE100」導入の頼もしい味方でありたい

09

東京電力でエネルギーサービスの新規事業開発・運営、M&A を担当。2000 年、日本ファシリティ・ソリューションの設立に参画し、法人向け省エネ・省 CO_2 削減保証サービスのソリューション営業に従事。2011 年、ファミリーネット・ジャパンでマンション向けスマートエネルギーサービスなどの立ち上げ・運営、経営企画、業務提携・M&A・JV 設立などに携わる。2021 年 6 月から現職。

多様な再エネ調達ニーズに対応

国内でも、国際的イニシアチブ「RE100」への参加を表明する企業が増え、社内で利用するエネルギーを100％再エネで調達しようとする動きが加速しています。一方、再エネ調達の選択肢は多様化・複雑化しており、専門のノウハウを持たないお客さまが自社に最適な再エネ調達方法を見つけることはそれほど容易ではありません。大手電力や新電力などの小売電気事業者が水力などの再エネを由来とするグリーン電力プランや、FIT電源にトラッキング（所在地や発電方法、設置者名などを特定する情報）付き非化石証書を組み合わせるプランなどを提供していますが、FITに依存せず、新規に設置された追加性のある再エネ発電所から送電される「生グリーン電力」となると供給量が足りない状況です。そこで、法人のお客さまの非FITを含む多様な再エネ調達ニーズに対応できる事業モデルを目指し、クリーンエナジーコネクトが設立されました。

オフサイトコーポレートPPAを活用

例えば、あるお客さまの場合、すべての保有建物のエネルギーデータをクリーンエナジーコネクトが分析したうえで、まず、お客さまが保有するFIT太陽光発電所由来のトラッキング付きFIT非化石証書を活用した電力を保有建物に供給するスキームの構築を支援しました。

次に、お客さま専用の非ＦＩＴ太陽光発電所をクリーンエナジーコネクトが開発・運営し、その発電所からの電気と環境価値をお客さまの保有建物に送り届けるオフサイトコーポレートＰＰＡサービスを導入しました。お客さまのエネルギーデータを分析したうえで、ＲＥ１００の目標達成に向けたロードマップ策定から支援をするため、再エネの導入量の確保とコストインパクトのバランスという課題に対して、実効的な対策が取れるのです。

クリーンエナジーコネクトの特徴に、自社で非ＦＩＴの太陽光発電などに投資し、設備を保有することが挙げられます。このため、みずほ銀行をエージェントとした76億円のシンジケートローン調達など、この段階のスタートアップとしては異例の規模の資金調達を行っています。さらに、小売り電気事業者とは中立的な関係のため、お客さまが電力供給契約を結ぶ小売り電気事業者とも協業して良好な関係を保ちながら、最適な再エネ供給のスキームを構築することが可能です。

ESCO事業を通じて得た課題

大学卒業後、東京電力に入社しました。東京電力の主力事業は、発電所を建設し、ネットワークを構築して安定的に電力を供給することですが、大学で建築を学んだ私は、お客さまのエネルギー効率のアップに一番興味がありました。そうしたなか、２０００年ごろから省エネと

CO_2の削減量を保証するＥＳＣＯビジネスが始まり、東京電力も合弁会社で同事業を立ち上げました。新会社「日本ファシリティ・ソリューション（ＪＦＳ）」の設立に自ら望んで準備段階から入り、設立後は出向してお客さま向け省エネ・省CO_2削減保証サービスの営業を担当しました。お客さまの省エネへの貢献にやりがいを感じていましたが、省エネで達成できるCO_2削減量は約３割が限界です。当時からグリーン電力証書はありましたが、とても高価であり、太陽光発電を設置するにしても、これも高価なためシンボリックなかたちで取り付けるのみ。設備運用などでさらに削減する施策はほぼありませんでした。

その後、２０１２年にＦＩＴが施行され、太陽光発電所の建設が進んだことで再エネのコストが劇的に下がりました。そうした再エネを取り巻く状況の変化や、ＲＥ１００への関心の高まりなどから、「今のタイミングなら、ＦＩＴに頼らず、省エネだけでは実現できなかった残り約７割のCO_2のオフセットを実現することができるんじゃないか」と考えていたところ、クリーンエナジーコネクトの社長のポストについて話があり、就任を決意したのです。

企業のエネルギー利用をサポート

主力で手掛けるオフサイトコーポレートＰＰＡ（バーチャルＰＰＡ）サービスのスキームでは、お客さま専用の太陽光発電所の開発・運営を行い、電気と環境価値を届けています。日本

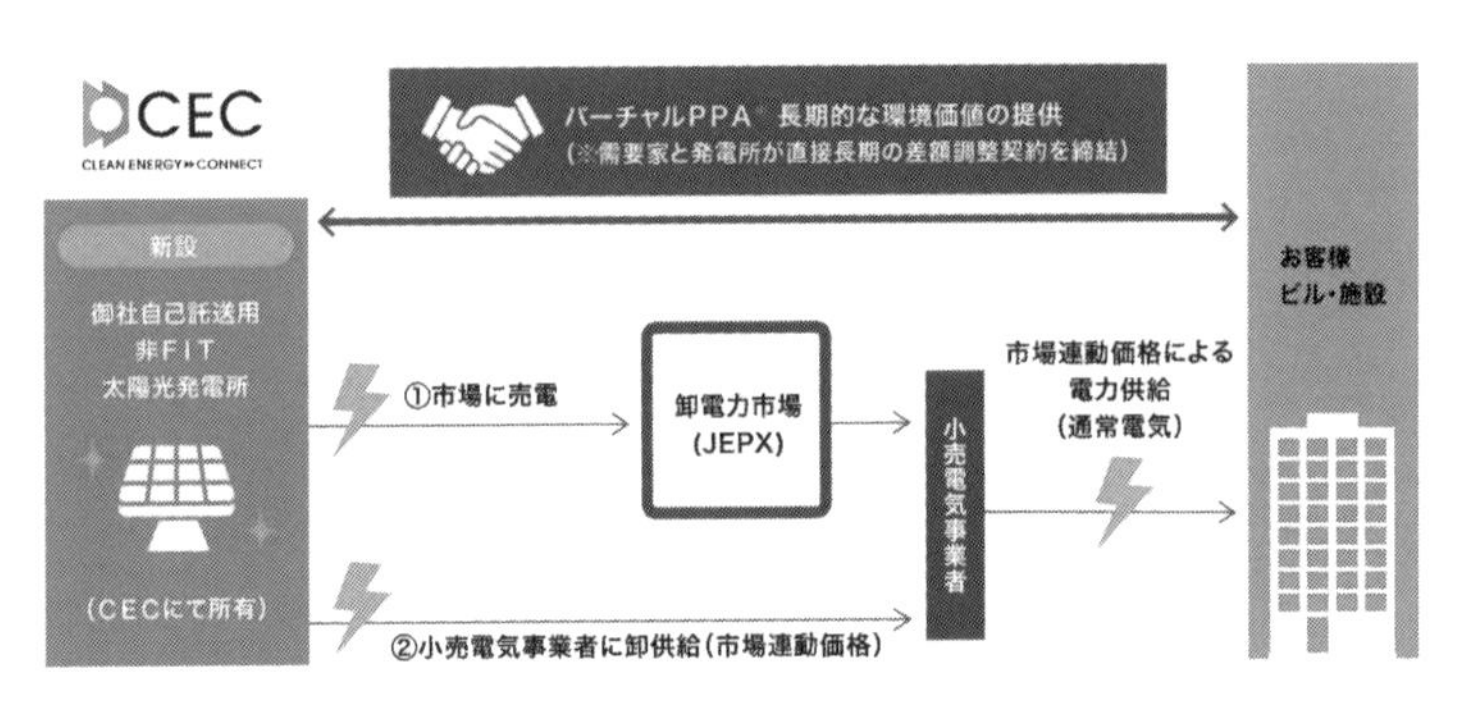

では新しいサービスなので、お客さまにどの程度の規模で契約してもらえるか未知数でした。スキームも、体制も、その契約書も、サービス内容も一からつくりました。追加性という概念の認知が高まるなか、まず第一生命や清水建設、シナネンに最初のお客さまになっていただけました。

各社とも、気候変動に対してインパクトのある取り組みを求めていました。例えば、第一生命は、自社で運用するビルが多く、エネルギー利用の次の一手に悩んでいました。清水建設は、建物を建ててお客さまに引き渡すまでが従来のビジネスです。そこからさらにお客さまに積極的に関わる方策を模索するなかで、クリーンエナジーコネクトのサービスを組み合わせることで、より長期的にお客さまとの関係を維持可能なことが決め手になりました。直近では、大手グローバル企業とも契約を締結し、世界標準のソリューションを提供できていると自負しています。

脱炭素に取り組もうとする企業の皆さまは、最初からオフサ

イトコーポレートPPAサービスですべての電気の供給を受けようとする必要はありません。まずはトライアルでやってみようか――。そんな姿勢で始めていただければと思います。2022年に入ってから、お客さまからの関心がさらに高まっているように感じます。これに伴い、取り扱う規模も大きくなってきました。これまで数メガワット程度だった案件が、数十メガワットクラスと大規模になってきています。

再エネ価値向上と効率的供給を目指す

クリーンエナジーコネクトでは、オフサイトコーポレートPPAサービスの導入規模を2025年度に累計500メガワット以上とする目標を掲げています。一方で、太陽光発

電の発電量は、天候に左右されるという課題があるため、太陽光発電の価値をどう高めていくかという点にも取り組んでいきたいと考えています。2021年に伊藤忠商事から出資を受けたのも、ひとつには、伊藤忠商事が蓄電池に関する幅広いサービスを手掛けており、協業によりそのリソースやノウハウをクリーンエナジーコネクトのサービスで発展させたいという考えがありました。

グーグルは、コーポレートPPAを中心とした全量追加性のある再エネによって電気を賄っています。さらには、2030年には24時間365日、再エネ電気で賄っていくというチャレンジングな目標を掲げています。そうした方向を目指す企業が今後、国内でも出てくるでしょう。クリーンエナジーコネクトでも、2025年以降、蓄電池・EVの活用や、建物の利用方法を変えるなど、もう一段階高いレベルでの再エネ導入、省エネ、CO_2削減にチャレンジしていきたいと考えています。

ひとくち解説

SDGs（持続可能な開発目標）への取り組みが重要課題となるなか、自らの使用電力を100%再エネで賄うRE100を目指す企業が増えています。一口に再エネ調達といっても、その方法は、自社施設に再エネ発電設備を導入して発電するケースや、PPAのように相対で再エネ電力自体を買うケース、いくつかある再エネ関係の証書を選んで買うケースなど、実に多様です。さらに忘れてはならないのは、企業はそれらの再エネ調達に合わせて、コストコントロールにも注意を払いながら、電気の調達を進めなければならないということです。

欧州のRE100は、「RE証書」と呼ばれる太陽光・風力由来である電源特定証明書中心のやり方から、実物投資か電気の買い手企業が主体的に脱炭素に関わるやり方にすでに大きくシフトしています。大型洋上風力の建設期に長期売買契約を結んで完成後に電力を購入する「セクター・カップリング（再エネ〈あるいは環境価値〉の売り手と買い手が結びつくこと）」が、その代表例といえます。この流れに伴い、サービスの担い手も証書の専門事業者から、大手小売り電力事業出身者などが携わる電力制度や市場、企業の設備に精通した事業者に主導権が移りつつあります。

クリーンエナジーコネクトは、ESCOのような最適調達・設備運用改善、電気事業の経営管理などの経験のあるメンバーが参加する、再エネソリューションと電気本体の最適調達の両方に強みを持つスタートアップです。この点において、一般の再エネ調達の仲介企業よりも一段高いレベルのサービスが提供可能な企業と位置づけられます。

特に、2022年以降のエネルギー危機の時代においては、あらゆる企業が再エネ導入とコスト最適化を同時並行で進めなければならないという困難に直面しており、その難しい舵取りのパートナーとして、これからクリーンエナジーコネクトの名前が頻繁に挙がることになるでしょう。

キーワード解説⑤

コーポレートPPA（太陽光設置手法の多様化）

需要家企業が、自分の敷地以外の太陽光発電の電気を、電力ネットワークを通じて購入し利用する方法のなかで、託送（電気を送る）事業者と長期間（5～20年間程度）の購入契約を結ぶものを、「コーポレートPPA（Corporate Power Purchase Agreement）」と呼びます。自社の屋根や敷地以外の太陽光発電を利用する方法には、自己託送や小売り電気事業者からの購入（電力会社の水力メニューなど）がありますが、経済産業省資源エネルギー庁が、現在、補助金を付けて推進しているのが、このコーポレートPPAです。

日本では、FITによる高価格の買い取りが行われていた2013～2016年に、メガソーラーの建設が相次ぎました。しかし、買い取り単価の低下とともに着工が急減し、自治体の厳しい反応や規制もあって今後の回復は望めない情勢です。電力価格の高騰によって再エネの優位性が高まるなか、自社の屋根に十分なスペースがなかったり、より多くの量の太陽光発電の電気や、その他の再エネを購入したいと考える需要家企業にとっては、このコーポレートPPAが有力な手段となります。

コーポレートPPAが支持される大きな理由のひとつが「追加性」です。「追加性」とは、「企業の行

コーポレートPPAの概念

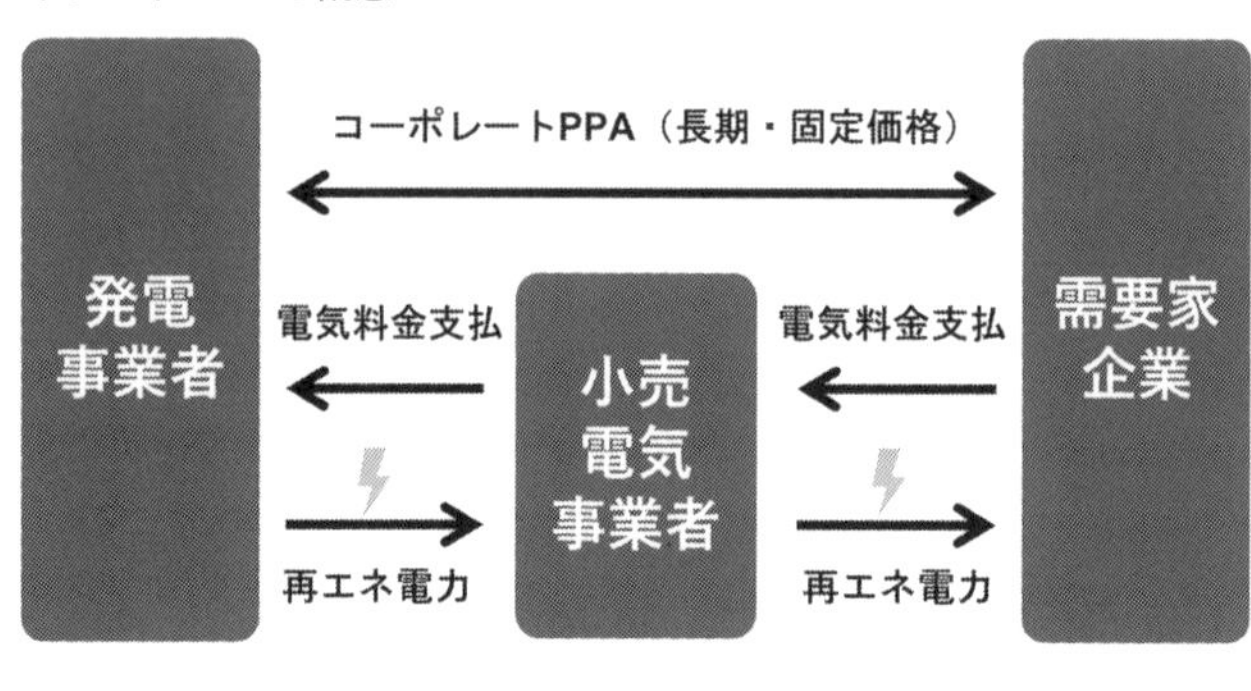

動によって実際に新たな再エネインフラがどこかに追加されているか」ということです。従来、企業の再エネ調達は、グリーン電力証書やJ-クレジットといった証書の購入が主流でした。これらの証書類は、値段の上昇によって再エネ発電への投資を呼び込むことが期待されていましたが、実際にはなかなか証書の値段が上がらず、発電設備への投資促進につながっていません。再エネ発電設備が新設されないということは、「何の設備も追加されていない」ということです。この実態を踏まえると、証書の購入は、国家レベルで再エネ比率を高める手立てにはなり得ていないと考えられます。一方、コーポレートPPAについては、グーグルなどのキャッシュリッチな多国籍企業が、コーポレートPPAこそ最も追加性のある契約形態だとして、2010年代中盤から、積極的に取り入れています。日本でも、近年、第一生命などが同様の考えからコーポレートPPAによる再エネ調達を始めています。

追加性のある再エネの導入パターンとしては、コーポレートPPA以外に需要家企業自身による託送利用も考えられますが、現在の日本の制度では、運用時のハードルが高いことから大規模な導入は起きていません。例えば、需要家企業には、電力ネットワークを運営する一般送配電事業者との間で託送供給契約などを結んだのち、一年分の発電計画を提出、日々の計画と実績の差を事後に料金精算するといった非常に煩雑な手続きが求められます。託送契約以外にも、太陽光パネルを置く土地の選定や推定出力、部材の調達、それらが需要家企業の購入契約に与える影響など、需要家企業にとって知見が浅い要件を踏まえて運用を行わなければなりません。さらに、太陽光パネルを屋根に置いたり、遠方から電気を送り込んだりする場合、電気料金をコントロールするうえで大事なピーク電力の制御に関して、省エネノウハウや機器運転ノウハウが必要になるケースもあります。このように、需要家企業自身が託送利用に挑戦することは、思ったより容易ではないのです。

欧州では、前述のように、「セクター・カップリング」と称し、企業が大型の陸上・洋上風力発電のような再エネプロジェクトに支援参画したうえで、当該プロジェクトから長期契約のもと、電力を購入する契約形態も取られ始めています。これは、コーポレートPPAの発展形といえるでしょう。こうした再エネ調達の動きが示すのは、日本の再エネは、もはやかつてのFIT太陽光発電のように国の補助で大きな発電所をつくるという時代ではなく、再エネ導入・活用の意識の高い需要家企業が当初から参画し、電力ネットワーク、そしてプロの再エネ専門企業、アドバイザーと連携を取って計画を進めていく時代だということです。

Interview 10

中央電力株式会社

代表取締役社長

丹治 保積

たんじ・ほづみ

持続可能なマンションで社会課題の解決へ

1998年、日本ヒューレット・パッカード入社。2004年に楽天の楽天大学事業部事業部長、2010年にミスミグループ本社E推進室事業統括ディレクターなどを経て2020年に中央電力執行役員。2021年に同社取締役、同年12月に同社代表取締役社長に就任。

10

隙間をぬったビジネスモデルで社会貢献

中央電力が手掛けている事業は、いわゆる「一括受電」という電力供給サービスです。これは、カーボンニュートラルに向けた取り組みというよりも、2000年代から始まった電力小売りの自由化という流れのなかで、中央電力の初代の代表が業界に先駆けて生み出したビジネスモデルです。小売り自由化が始まった当時、工場などの電気をたくさん消費する大口需要家に対しては、いろいろな会社が電気を供給できるようになりましたが、一般家庭向けのような小口需要家への小売りは、特別な会社しか供給ができませんでした。大口向けと小口向けとでは、電気料金の単価も異なり前者のほうが安い。中央電力は、その「値差分」に着目したのです。

具体的な仕組みを説明すると、まずは、マンションに「キュービクル（次頁の写真）」という電圧を調整する特殊な電気設備を設置します。そして、10年間という長期間が前提ですが、マンションに住む全住民の方々に一括して電気を供給します。集合住宅のような大口需要群をまとめてひとつの需要とすることで電気料金を割安に抑えられる点が、このサービスの最大の特徴です。これは、同時にマンションの維持管理費の削減にもつながります。「持続可能なマンションを支える」といった社会課題の解決に資するサービスでもあるわけです。

手掛けてきた実績は、ほとんどが既設のマンションで、現在、関東エリアと関西エリアで約

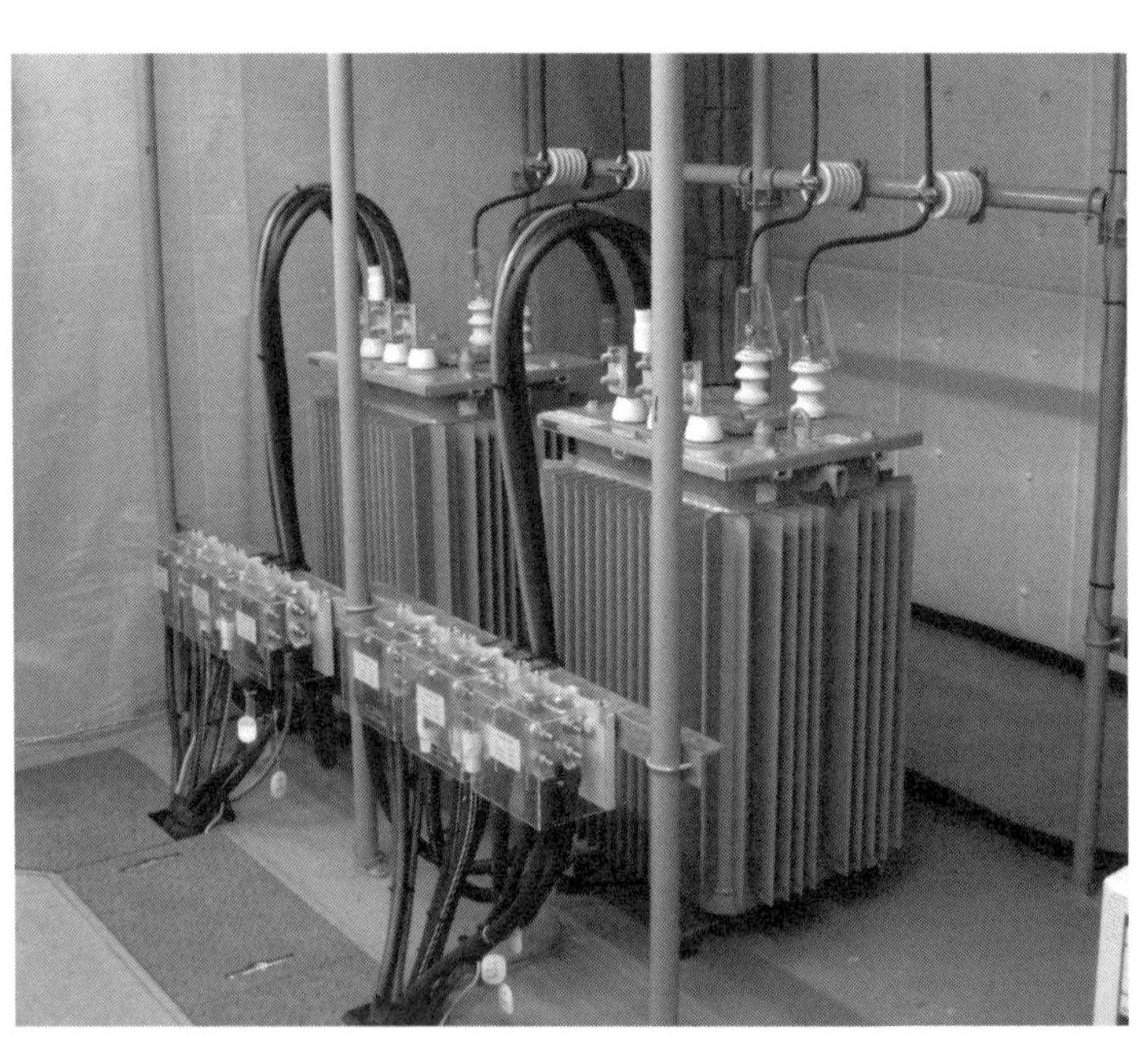

17・5万世帯（2200棟）にご利用いただいていますが、これまで解約は1棟だけです。お客さまにご満足いただいて、社会貢献も果たせていると自負しています。ただ、この一括受電のビジネスモデルに対しては、2016年の電力小売りの完全自由化により、数百に及ぶ電力小売り会社が誕生したことで、顧客メリットや選択肢が多様化、分散化した昨今では、厳しい競争にさらされています。〝価格勝負〟が限界を迎えるなか、新たな価値を提供しようという思いから、ポイントサービスを始めました。住民の方々はIDを所有し、買い物やアンケート協力、参加企業のサービス利用などに応じて

ポイントを貯めることができ、ポイントは現金やギフトカードなどと交換できます。サービスに協力してくれる参加企業は年々増えていて、現在120社ほどに関わってもらっています。参加企業が増えれば増えるほど、住民の方々へのサービス向上につながるわけで、こうした付加価値サービスをさらに深掘りしていきたいと考えています。

環境対策への思いとさらなる付加価値

世の中では、カーボンニュートラルの流れが生まれています。経営者としても、私たちの強みを生かしながら、企業として地球環境に対して果たせる役割は何か、ということを普段から事業意識として持つようになりました。そうしたなか、再エネ利用の最大化やエネルギー利用の最適化での貢献を考えています。これから本格的に取り組みたいのが、マンションの屋上への太陽光パネルの設置です。太陽光パネルを設置する際は、マンションの躯体に影響を与えられませんので、マンション構造を綿密に調べる必要があります。幸い一括受電サービスを手掛ける際に、マンションの図面を使ってマンションまわりを調べてきたので、スムーズに太陽光パネルの設置ができると考えています。

また、最近では、車を保有する方が少なくなっていて、マンションの駐車場に空きスペースが生まれています。そのようなスペースには蓄電池を導入し、再エネの電気をマンション内で自家消費できないケースでは、再エネで蓄電するといったエネルギー利用の最適化を図りたいと思います。「環境に優しいマンション」への衣替えです。蓄電池はまだまだ高価ですが、先行投資の意味合いも兼ねてトライしていきたいです。一連の設備は、PPAとして導入しますので、あくまでも設備を保有するのは中央電力になります。ですから、お客さまの金銭的な負担が増えることはありません。

同時に再エネ利用を増やせれば、マンションとしての資産価値が向上しますし、台風や地震といった大きな自然災害によって停電を余儀なくされても、再エネや蓄電池によって電気を使えます。さらに、昨今の電気料金が値上がり基調の局面では、再エネによって少しでも料金が下げられるメリットがあると思っています。これらも、お客さまにとっての付加価値向上だと考えています。

マンション一括受電だけではない

中央電力には、主力の一括受電サービスのほかに、小規模ながらも50キロワットほどの太陽光発電所を全国で100カ所ほど運用している、再エネ事業者としての側面もあります。また、企業向けに電気を販売する、いわゆる小売事業者としての側面もあわせ持っています。全国で9000ほどの拠点に供給していますが、現在、お客さまから「電気料金が多少高くなっても構わないからCO2フリーの電気がほしい」といった要望が数多く寄せられています。中央電力の再エネ電気を使うことで、ニーズに対応できればと思っています。

CO2フリーの電気を届ける業務は複雑なのですが、中央電力は、バックオフィスオペレーションにも強みを持っています。一括受電のサービスを切り口に、電気設備といったハード面の運用ノウハウを培うとともに、実は、こうしたソフトウェアやシステムエンジニアリング、運用といった裏方業務のノウハウも蓄積してきました。今では、こうした業務システムの販売も始めています。

「経営戦略立案の神様」の著書『V字回復の経営』に感銘

人生の転機があります。ミスミグループの経営者だった三枝匡さんが著した『V字回復の経営』を読んだことです。「経営戦略立案の神様」と呼ばれる方ですが、経営危機に瀕した会社を一気に回復させた手腕に感銘を受け、本書を読んだことをきっかけにミスミグループに入社しました。中央電力の社長に就任する前のことです。三枝さんから教わったこと、それは「物事をとことん細部にわたって突き詰める」です。それによって、物事がシンプルになり大切なことが見えてきます。

中央電力の代表になって感じることは、電気事業は本当に複雑で難しいということです。であるが故に、電気事業や業務フローを事細かく見つめ、本当に大切なことは何かを学び取る姿勢が大切です。普段からそうした姿勢で臨んでいますが、ミスミグループ時代の経験も大きな財産となっています。

ひとくち解説

マンションをはじめとする集合住宅は、現在、都市部を中心に世帯の相当数を占めています。集合住宅の電気契約は、日本では1960年代初期から戸建て住宅と同じ料金ですが、米国のように集合住宅の配電設備費用が戸建てに比べて少ないことを勘案し、別の料金を設けて割安にしている国・地域もあります。

マンションの建物構造は、多くのテナントが入った事務所ビルに近いのですが、住宅の特性から夏場の昼間が電気使用のピークではありません。そこに目をつけ、家庭用契約の集まりだった集合住宅の配電設備を買い取ったり、取り替えたりして、割高だった家庭用料金から比較的単価の安いビル用（高圧）の電気契約に変えて電気料金を下げるサービスが、マンション一括受電事業です。

中央電力はこの事業のパイオニアであり、リーディングカンパニーです。高圧の需要を集めて発電会社や電力市場とやり取りし、各家庭にメーターを設置して計量、料金計算、請求を行うサービスも提供している、いわば全国ネットの電力会社です。

当初は斬新だった一括受電マンションは、普及が進み、たくさんの参入企業が現れて激しい競争下にあります。さらに、2016年の電力小売りの完全自由化により、数百に及ぶ電力小売り会社が誕生したことで顧客のメリットや選択肢が多様化、分散化し、事業者には電気料金の節約以外のメリット創出が強く求められるようになりました。

その点、中央電力は、新しい付加価値づくりに早くから取り組み、太陽光発電をはじめとした再エネの活用拡大、蓄電池を使ったエネルギー利用の最適化をサービス内容に加えています。それらは、中央電力の顧客が電気代の高騰から家計を守るうえで効果が高いサービスです。単純な一括受電からエネルギーマネジメントを強みにしたエネルギーサービス会社に進化する中央電力は、今後も注目すべき存在といえます。

Interview 11

ふるさと熱電株式会社

代表取締役社長

赤石 和幸

あかいし・かずゆき

眠る宝「地熱」を生かし「地域」を元気に

11

1976年生まれ。東京大学大学院新領域創成科学研究科環境学修了。株式会社日本総合研究所創発戦略センターで環境分野のPFI（Private Finance Initiative）や、中国政府の天津エコシティー開発などに携わる。その後、中央電力にてわいた発電所を立ち上げ、2015年にふるさと熱電の代表取締役社長に就任。

地域社会と共生・共栄するビジネス

熊本県阿蘇郡小国町でわいた地熱発所を立ち上げ、２０２２年に創業10年を迎えます。わいた温泉郷では、地域の人々が温泉や地熱の蒸気を７００年以上にわたって活用し、守り続けてきました。このわいた地区に住む30世帯が「合同会社わいた会」を設立し、集落が共有する土地で発電所の開発や運営を行っています。

日本の地熱発電の開発ポテンシャルは、約２３００万キロワット（世界第3位）もありますが、地熱発電の導入量は、60万キロワットと十分普及しているとは言い難い状況です。その理由のひとつは、地熱発電の有望エリアの近くには温泉地域があることです。再エネ全般においては、多くの開発事業者が〝よそ者〟です。長い歴史を持つ温泉地域で〝よそ者〟が地下資源を取り出します。温泉に影響が出る懸念から地域の方々が賛同しづらいのは当然のこと。そのため、地熱開発がなかなか進まないことが多いのです。

ふるさと熱電では、温泉地域の方々が主体的にかかわる事業づくりを目指し、それを「わいたモデル」と名づけています。わいた発電所では、「合同会社わいた会」が事業主体として地熱発電事業を行い、ふるさと熱電が技術や資金をサポートするという新興国のインフラ投資のスキームを採用しています。ふるさと熱電とわいた会との役割分担は、わいた会が発電所建設や運営にかかる地元調整、日々のオペレーションを担い、資金調達や、例えば、タービンの開放点検などの高度な技術的部分は、ふるさと熱電が担います。発電所の稼働率が高まるほどわいた会の収益は増え、利益は地域活性化の財源となる仕組みです。地域づくりの財源に直結する日々の発電所の稼働状況への皆さまの関心は高く、2016年4月の熊本地震や2020年7月の九州豪雨の際も、わいた会との緊密な連携により、翌日には復旧、発電を再開できました。地域の皆さまが〝自分ごと〟として運営に関わることこそが、わいたモデルの重要なポイントだと考えています。

地熱発電が地域の絆「岳の湯盆おどり」を復活させた

わいた発電所は、簡単に立ち上がったわけではありません。実は、わいた地区での地熱発電開発構想は1980年代からありましたが、地元調整がうまくいかず実現しませんでした。その後、わいた地区も人口減少や高齢化が進みます。2011年3月の東日本震災の経緯に鑑みて、小さな地熱発電所を立ち上げようという気運が地区で高まり、ふるさと熱電との縁が生まれました。1999年の八丈島地熱発電所（東京都）以来、約15年ぶりの地熱発電所の立ち上げでした。立ち上げ経験者もおらず、さまざまな困難に直面して大変苦労しましたが、そのなかで大きな収穫が2つありました。

ひとつは、地域の方々を積極的に巻き込むことが開発の近道だとわかったことです。地熱発

電所の開発プロセスでは、地下探査や掘削工事、電力系統の確保、発電所建設など技術面のみならず、行政手続きも多岐に渡ります。また、生産蒸気や補給水の確保など地元調整事項も多くあります。こういった調整事項の多くが、地域を早い段階で巻き込むほうがスムーズに進むのです。実際に、わいた発電所では、構想から4年後の2015年6月に商用運転を始めることができました。一般的に日本では、地熱発電の開発期間は10年以上かかるといわれるなか、非常に短期間での立ち上げでした。

もうひとつが「岳の湯盆おどり」の復活です。過去の開発が実現に至らなかった際、700年以上も地区に脈々と続いていた岳の湯盆おどりが途絶えたのです。わいた会の方々からも「岳の湯盆おどりを復活させたい」と言う声がありました。ふるさと熱電も皆さまと議論を重ね、2016年に盆踊りが復活しました。地熱発電をきっかけに、地域の文化的な営みが維持され、人々が絆を強める姿は印象的でした。

ビジネスの成果を地域の成長につなげる

ふるさと熱電の事業は、稼働率の向上が収益アップに直結します。さまざまな工夫により、現在の稼働率は95%程度で、太陽光や風力と比べると非常に高いです。今、わいた会の皆さまと第2発電所（4995キロワット）の立ち上げを準備していますが、そのなかで3つの取り組みを進めます。

第一に、発電収入を活用した地域創生です。発電所の稼働開始から、地区全戸への配湯、熱水を活用したバジルやパクチーなどの栽培、企業向けのSDGs研修の受け入れなどを実施しています。さらに、わいた会の皆さまや、ふるさと熱電と連携する企業と新たに「地域振興組織」を立ち上げます。地区の活性化に加え、地場産業の活性化や地域社会課題解決を行う予定です。

第二に、地域共生型の地熱発電の標準型づくりです。温泉地域との共生には開発の規模を抑える必要があります。また、温泉地域の方々の権益を保全しつつ、主体的に関われる仕組みづくりが欠かせません。将来、FITが終了したあとを見越したコストダウンの検討も必要です。ふるさと熱電単独では難しく、地熱業界の方々やパートナーとなる企業との連携を進めていきます。

地方に眠る宝「地熱」を発掘し価値を与える

第三に、「わいたモデル」を全国の温泉地域の方々に知ってもらい、地熱資源へのファンづくりを進めます。北海道・道東エリアの温泉地域でも同様の取り組みを始めています。コロナウィルスの影響などにより観光収益が減るなか、地域の自主財源づくりにチャレンジしています。また、わいた地区の山翠旅館と共同でバイナリー発電（99キロワット）を稼働させ、その電気を福岡県のタワーマンションの居住者へ直接届けています。

ふるさと熱電の創業時に、「ラダー（架け橋）プロジェクト」という構想がありました。都市と地方を電力でつなぐ、電力だけでなく人や物産などの交流も行う。日本には、地域ごとに〝眠る宝〟がたくさんあり、それに価値を与え、お金に変えることは大変ですが可能なのです。今後は、地域振興に取り組む人や企業とパートナーシップを広げ、ビジネスを黒子として支えたい。その先に、活力を取り戻した日本があると信じています。２０１９年には関西電力、

２０２０年にはＮＴＴアノードエナジーとも資本業務提携を結びました。

ビジネスにおける私の信念は、地域に寄り添うこと、お互いの立場や権利を尊重すること、「雨降って地固まる」のだからトラブルをおそれないことです。問題があっても決してあきらめず努力を重ねていると、自ずと道が開けてきました。今後もそうなると信じて、事業に携わっていきたいです。

ひとくち解説

自然の力を電気に変える再エネ発電は、カーボンニュートラル実現において今や大変重視されていますが、一方で、それぞれの再エネ発電方式には弱点があることがよく指摘されます。日本で最も多く導入されている太陽光発電は、昼間しか発電できず、加えて発電量が晴天・曇天に大きく左右されるため、日没時や突然の曇天の出力急落が電力の安定供給における脅威となります。風力発電も太陽光発電より個々の発電所が大きい分、風力の変化が電気の量に大きな変動を起こします。また、太陽光発電も風力発電も電力系統を安定させる慣性や「復元力」という従来の回転発電機が持つ力を十分に備えていないため、その導入量に限界があります。

その点、再エネの中で唯一出力が安定し、安定供給に貢献できるのが地熱発電であり、この分野に地元参加というユニークなビジネスモデルで参入、成長しているのがふるさと熱電です。

地熱発電は、ニュージーランドやアイスランドなど日本と並ぶ先行地域でも、地元との対話と地元の理解が大変重要とされています。日本ではほとんどの地熱発電所が温泉地域に立地することから、地域での地熱の活用、事業運営への地元の参画を打ち出したふるさと熱電の「わいたモデル」は、極めて示唆に富むものといえるでしょう。

「貯留層」と呼ばれる発電源に井戸を打つ段階から地域のプレーヤーとのバリューチェーンづくりを目指している姿は、太陽光パネルを購入して電気を作るだけの従来型のFIT事業者とは大きく異なります。地域主導のカーボンニュートラルのあるべき姿を、ふるさと熱電にみることができます。

海外からの示唆——カーボンニュートラルを加速させる欧州のスタートアップ

現在、エネルギー分野で、技術革新や政策、消費者の行動が、世界で最も相乗効果を発揮するかたちで進んでいるのが欧州です。

カーボンニュートラルのような新しい動きを社会に取り込んでいくには、政策と市民のコンセンサスが重要です。もともと欧州は、地球温暖化問題発祥の地であることから、各国政府・市民の間には、この問題に真摯に取り組み、解決に向けてリーダーシップを示さなければならないという社会像が共有されています。炭素税が初めて導入されたのは1990年代初頭、スウェーデンをはじめとする北欧諸国とオランダであり、2005年からは欧州連合（EU）域内でCO_2の排出権取引「EU-ETS」も始まりました。こうした情勢のもとで、欧州では現在、企業向けの脱炭素サービスや脱炭素モニタリング、排出権のトレーディングなどの大きな市場が生まれており、多くのプレーヤーが参入しています。

なかでも電力分野では、市場設計や再エネ大量導入、需要家参加が一体となった注目すべきスタートアップエコシステムが生まれています。例えば、2015年ごろから風力発電の大量導入が本格化し、電力システムへの優先的な接続（原子力や火力のような他の電源に優先して系統接続されること）がルール化されています。季節や時間帯による需要と風力発電量のバランスによっては、カーボンフリーな風力や太陽光の電気を使い切るために、蓄電池やEV、電気温水器といった機器を通じて需給調整が行われます。そこで活躍するのが、G-Mobility、Ｎｕｖｖｅ、Octopus Energy、eMotorWerks、ＪＥＤＬＩＸといったEVのスマートチャージングスタートアップ、Voltalis（ボルタリス）のような電気温水器や空調機の制御スタートアップ、Restore（リストア、現：Centrica Storage〈セントリカストレージ〉）のような蓄電池運用スタートアップ、Next Kraftwerke（ネクストクラフトベルケ）のような自治体のごみ処理場バイオガス発電機のアグリゲーションスタートアップです。これらの企業は、電力市場価格に合わせたそれぞれの機器のエネルギーマネジメント事業によって大きく成長しています。

これらのスタートアップは、まだ大きな利益を生んでいるとまではいえない段階ですが、将来的な成長を見通した投資がすでに十分流入しており、大手エネルギー企業による巨額買収も増えています。特に大手エネルギー企業に顕著なのは、自社のビジネスモデルを転換、拡張するための買収やアライアンスのための投資を積極的に行う動きです。Next Kraftwerke が英国石油・ガス大手の国際石油資本であるシェルの完全買収を受けたほか、Restore は英国で最大のガス会社であるセントリカ（旧ブリティッシュガス）の傘下となり、ＪＥＤＬＩＸは三菱商事・中部電力が買収したＥｎｅｃｏ（エネコ）を通じて、ＮｕｖｖｅはフランスのＥｄＦ（旧フランス電力公社）や日本のトヨタ通商などから出資を受け、アライアンスを進めています。このように、ビジネスモデルと電気利用の最適化、市場連動、アグリゲーションの強みを武器にするスタートアップにより、脱炭素スタートアップが継続的に成長可能なエコシステムが欧州で確立されつつあります。

第3章

スタートアップは社会課題解決の主役になれるか

―キャピタリスト座談会―

日本政府は、地球温暖化対応を経済成長の制約やコストではなく成長機会と捉える時代が到来したとして、2050年カーボンニュートラルに向けたグリーン成長戦略を進めています。経済産業省の試算によると、国内での脱炭素に関連する投資額は、現在の約4・8兆円から2030年には最低でも16・6兆円に上るとされています（経済産業省産業技術環境局・資源エネルギー庁、「クリーンエネルギー戦略の策定に向けた検討」、2022年4月22日）。これらの動きにおいて、関係領域のスタートアップへの関心と期待が高まりつつあるなか、3人の投資家が、スタートアップをめぐる環境の変化、社会課題解決型ビジネスの課題と展望、成功する起業家の特性などについて、実体験とそこで得た肌感覚をもとに語り合いました。

〈司会進行〉環境エネルギー投資調査研究班　長尾 朋子

株式会社環境エネルギー投資 代表取締役社長

河村 修一郎

かわむら・しゅういちろう

東京大学法学部卒業。米国プリンストン大学公共政策大学院修了。新卒で日本興業銀行（現：みずほ銀行）に入行、産業調査部で電力・エネルギー業界担当アナリスト業務に従事後、興銀証券（現：みずほ証券）にて環境・エネルギー関連企業向けコーポレート・ファイナンス業務に従事。2003年に独立し、日本のエネルギー・環境関連企業に対する経営コンサルティング事業に取り組む。そこで同分野へのリスクマネーの提供と経営支援を併進する事業の必要性を痛感し、2006年に日本初の環境・エネルギー特化型ファンド運用会社、環境エネルギー投資を設立、代表取締役社長に就任。まさにエネルギー一筋のキャリアを歩む。

沼田 朋子 ぬまた・ともこ

ジャフコ グループ株式会社 チーフキャピタリスト

一橋大学経済学部卒業。投資先スタートアップと長期間にわたるパートナーシップを築き、彼らの成長に伴走してみたいという気持ちからベンチャーキャピタリストを志望し、ジャフコ グループ（旧ジャフコ）に新卒入社。その後、10年以上にわたり、テクノロジー分野を中心とした国内のスタートアップ企業の投資育成業務に従事。多くのスタートアップと出会い、ベンチャー投資という仕事の重さ、面白さを徐々に感じて現在に至る。長期的な社会課題の解決を目指す企業に関心を寄せ、カーボンニュートラルへの取り組みが多方面で論じられる前から、再エネをはじめエネルギー領域の企業を担当している。

鎌田 富久 かまだ・とみひさ

TomyK Ltd. 代表

東京大学大学院理学系研究科情報科学博士課程修了。理学博士。同大在学中にソフトウェアのベンチャー企業ACCESSを共同創業。組み込み向けTCP/IP通信ソフトや、世界初の携帯電話向けウェブブラウザなどを開発。携帯電話向けHTML仕様「Compact HTML」をW3C（World Wide Web Consortium）に提案するなど、モバイルインターネットの技術革新をけん引。2001年に東証マザーズ上場（現：東証プライム）、2011年に退任。その後、“22世紀に向けて革新テクノロジーで地球的課題を解決する”スタートアップの育成を掲げてTomyKを設立し、エンジェル投資家としてロボットやAI、人間拡張、宇宙、ゲノム、医療などのテクノロジー・スタートアップを多数支援。東京大学大学院情報理工学系研究科特任教授としてイノベーター教育も行う。

スタートアップに投資するということ

司会　まずは、皆さんのエンジェル投資家、ベンチャー投資家としてのお仕事について、簡単にお話しいただけますか。

鎌田　広い意味で、社会課題解決型のスタートアップだけに投資しています。製造業や農業は環境負荷が高いので、それを下げるために画期的な製法でものづくりを行う企業や、ゲノム編集で環境負荷が低い農作物を作る企業など、革新的なテクノロジーをベースに事業を展開するスタートアップを応援しています。例えば、部材の製造でいえば、今の電子回路の基板の製造方法は全面に金属を貼ったうえで不要な部分を溶かす、無駄が多く古いやり方なんですが、エレファンテックという企業の製法は、インクジェット印刷で必要な箇所だけに配線するんです。そうすると材料費も減るし、水の消費もCO_2の排出量も大幅に減ります。

ヘルスケアや医療、ゲノムといった分野が好きなので、その分野のスタートアップも投資対象です。人の健康長寿は、重要な社会課題のひとつですから。

河村　われわれＶＣ（ベンチャーキャピタル、以下、同じ）は、収益を生んでスケールアップしていかないとファンドとしてサステナブルになり得ません。そのため、短期間で見えるかたちで収益を生むスタートアップをポートフォリオに一定の比率で組み入れることにこだわっています。例えば、投資先で比較的多いのは、既存の技術を使った新しいビジネスモデルで実際にCO₂を削減し、カーボンニュートラルに貢献するようなスタートアップですね。

世の中を根本的に変える技術に社会が目を向けて、その領域に優れた起業家たちが現れて、そこにリスクマネーが集まる仕組みが必要だという認識はもちろんあるんですよね。ただ、われわれは、領域特化型の中規模VCなので、その手前をターゲットとした投資行動を取ってきたという感じでしょうか。今度新しいファンドを立ち上げますが、そのファンドでは革新的なテクノロジーへの投資も行っていきたいと思っています。

沼田　カーボンニュートラルという狭い領域ですと、私が関わっているのは主に3社です。以前、新電力スタートアップに投資した際に、電力業界のさまざまな課題に直面し、未来のエネルギー社会を徹底的に考えている創業者の方々に出会って、初めて真剣に投資領域として捉えるようになりました。

ただ、難しさも感じていて、そんなに多くは投資していない状況です。10年間の投資期間で結果を出さなければいけないので、事業の成長を時間軸に合わせるのがすごく大変なんですよ。人材を入念に見定めないと、時間切れで終わりかねない。一方、時代の流れを見極めて事業の取捨選択がちゃんとできる経営者に投資すれば、成果が出せる可能性は高まります。そう思いながら、この領域に投資しています。

起業を目指す若者は確実に増えている

司会　スタートアップを取り巻く環境が、１９９０年代末のＩＴバブル、２００８年のリーマン・ショックのころからは随分と変わってきたと言う声を最近よく耳にします。皆さんは、どのように感じていらっしゃいますか。

鎌田　このところ、社会課題解決のための新産業創出のニーズがひときわ大きくなっていますので、スタートアップへの要請、期待は今まで以上に大きいといえます。大企業では解決しづらい、既存の延長線上にない破壊的なイノベーション、ゼロからの事業創出が求められています。まさに、エネルギー領域は今までとまったく異なるアプローチが必要とされていますよね。

20〜30年前にソフトウェア、インターネットが盛り上がったときも、多くの新しい事業が出てきましたが、既存の産業を壊してゼロから始めた事業がやはり強かった。環境問題は、プラスチックや化石燃料のように、今のまま使い続けたい、変えなければいけないとわかっていても大企業では急に大きくは変えられない、そういう課題が多いと思います。でも、それをゼロから理想系で実現していけるのがスタートアップというわけです。

沼田 起業において「とりあえず何か始めてみる」ときのハードルは、すごく下がったと思います。創業初期に必要な資金調達の手段も増えてきていますし、未上場株投資市場にお金が流れてくる環境にもなっています。苦しいのは事業が立ち上がってある程度成長するまでの間で、そこの資金調達はもう少しどうにかなればとは思いますが、総じてスタートアップは経営がしやすくなっているというのが私の見方です。

河村 マーケットの状況に浮き沈みはありますが、私は非常に楽観視しています。息子が理系の大学院を卒業したてなのですが、同級生の半分はスタートアップに就職しています。残りは、大企業への就職、博士課程への進学が半分ずつです。鎌田さんが東大でさまざまに尽力されていたり、ジャフコさんのような日本有数のＶＣが長年にわたって起業家を丹念に育成してこられたことが、ようやく浸透してきていると感じます。

スタートアップで一番重要なのは、資金でもビジネスモデルでもなくて人材です。そこは、若い方々を中心に、起業志向が不可逆的に盛り上がってきているように見受けられ、明るい未来が感じられて心強いです。

カーボンニュートラルの動きは民間が震源地になる

司会　社会課題解決におけるスタートアップの活躍に対し、期待が高まっているとのお話でしたが、スタートアップが活動するカーボンニュートラル領域の現況については、どのように捉えていらっしゃいますか。

鎌田　カーボンニュートラルは、人類が必ず解決しないといけない必須科目ですよね。人類最大の危機ですから、覚悟を決めて世界中の誰もが取り組むべきテーマです。

企業は、既存の事業を急に方向転換できないし、会社によっては、ギリギリまであと回しにしようと思ったりするかもしれませんが、率先して進めないと「あの会社はカーボンニュートラルに取り組んでいないじゃないか」と誰もが発信できるメディアもありますし、今や顧客や株主だけでなく、世界中から叩かれるわけですよ。甘くみているとあっという間に会社は潰れますよ。

河村　カーボンニュートラルには、各国の政治主導と民間主導という大きな2つの流れがあり、当然ですが、それぞれに関係し合っています。そこで、われわれが注目しているのは、事業や消費者、われわれのようなファイナンス側も含めた民間の動きです。

政府の考えは変わり得るし、むしろスタートアップをはじめとする民間の動きがさまざまなディスラプト（市場を一変させる改革）につながって、政策があとからついてくると考えています。例えば、誰からも義務づけられていないのに、GAFAはなぜ「事業に使うすべての電気を再エネから調達します」と宣言し、実行するのでしょうか。彼らを取り巻くステークホルダー（利害関係者）が民間ベースで求めているからでしょう。政府の動きに関わらず、それが不可逆的で大きな流れになってきたとみています。そのなかでスタートアップが果たす役割は、グローバルにみてかなり大きいと思っています。

沼田　社会システム全体を変革する必要性があるなかで、例えば、需要家の電気の使い方のようなことまで変えることになったら、既存のエコシステムをつくっている人たち主導では、なかなか変えていけないですよね。そこでは、スタートアップが既存の仕組みを〝一点突破〟で上手に切り崩して、少しずつ協力者を巻き込みながら変革するやり方がひとつの正解になるかもと思っています。じゃあ、その突破口は何かということですが、それは、みんなが感じるリアルな痛みというか、例えば、電気代の高騰と

か、小さいけれど「何とかしたい！」と強く感じるニーズに応えていくビジネスだと考えています。

司会　ところで、最近は、ＶＣも社会課題解決を掲げて資金を集める時代になってきたように感じられます。カーボンニュートラルをはじめとした社会課題解決型のビジネスに、リスクマネーは集まりつつあるのでしょうか。

河村　そうですね。今はマーケットが厳しいので、もろに逆風を受けています。一方で、社会課題解決やカーボンニュートラルに対しては、グローバルでは資金が流れ込んできていて、ファンド出資も同じ状況です。つまり、淘汰されかねない逆風と成長のチャンスとなる順風が同時に激しく吹いている混沌とした状態だといえます。

結局のところ、われわれＶＣも投資先も「儲かってスケールアップしていく＝社会課題解決が達成される」という図式を実現させない限り、おそらくサステナブルにはならないです。だから、社会課題解決だけを力説して資金が集まるかというと、現実は違うという感じですね。

沼田　スタートアップ側にとっても、資金調達環境はあまり変わっていない気がします。トラクション（成長の兆し）がわかりやすい指標で出ていないと、厳しいというか……。

鎌田　スタートアップ側は本当にそうですね。素晴らしいビジョンを実現するには、売り上げや利益も上げてサステナブルにする必要があります。

ハングリーじゃない時代の起業家とは

司会 先ほど、河村さんが若い方々の起業志向の高まりについて言及されましたが、最近の起業家の人物像には、多くの人が関心を持っていると思います。皆さんが普段、接している起業家はどのような方々なのでしょうか。

鎌田 起業家のタイプは変わってきたと思いますね。インターネットの時代は、「破格の額のお金を稼ぎたい」みたいなギラギラした人たちも結構いて、そのパワフルなエネルギーを原動力に成功していました。一方、今の起業家は普通に優秀な人ですよね、クールでスマート。かつてスタートアップにはカリスマ的な強力なリーダーが必要だと思われていましたが、今のスタートアップ経営者はどちらかというと共感型です。内なる思いは強いけれど、それを声高に述べて引っ張るわけではない。それでも周囲を引き付ける力、巻き込み力がありますね。お金についても、「たくさん稼ぐ」が第一目標になっていない。昔は「稼いでポルシェを買って、助手席に彼女を乗せたい」みたいなのがありましたが、今は「運転免許、持ってません」という感じです（笑）。

河村 今の10代、20代が何を〝かっこいい〟と思うのか、かなり変わってきている気がします。カーボンニュートラルの分野で起業する若い人が出てきたのは、そういう背景があるのかもしれません。

鎌田　「何らかのかたちで世界に貢献したい、自分の得意なことで世の中の役に立ちたい」と思っている人は結構多いと思います。高度経済成長期は、まず、お腹いっぱい食べたい、きれいな洋服を身に付けたい、かっこいい車に乗りたいといったモチベーションで頑張れましたが、今はモノが溢れている時代です。仕事の選び方も何をやりがいに感じるかも、河村さんがおっしゃるようにかなり違ってきている感じはしますね。

河村　私はハングリー精神がまだ重視されていた時代に育ってきましたが、世の中はもうそんなにハングリーじゃない。でも、シリコンバレーでもヨーロッパでも、すでに満ち足りた起業家たちが、べらぼうに目を輝かせながら事業に取り組んでいますよね。

沼田　私の投資先では、「こんな優秀な人が、このくらいの給料でスタートアップにきてくれるんだ……」という人が増えた気がします（笑）。ピカピカの経歴で、グーグルのようなグローバル企業に行ったらもっとたくさん稼げるけれど、明日があるかどうかもわからないスタートアップに飛び込んで、一緒に汗をかいて事業をつくることにチャレンジしてくれる……、10年前はそういう感じはなかったですよ。すごくありがたいことです。

例えば、アストロスケールという企業は、サステナブルな宇宙環境を創り出すことを目的に設立されたスタートアップですが、宇宙工学や金融、経営の分野で、すごい経歴を持った人たちが世界各国から集まってきています。お給料はそんなに高くないと思いますが、ミッションに共感して世界中からレジュメが送られてくるんです。Ｍｕｊｉｎというロボティクスの企業も、世界中からトップエンジニアを東京湾岸の広大な倉庫に集めて、プログラミングをひたむきに続けています。創業者の２人に「ロボティクスで人間を単純作業や過酷な労働から解放し、世界を変える」という気概があり、そこに惹かれて集まっているように思います。

鎌田　給料ではなくて、「自分の情熱や時間を注ぎ込む価値があると思うかどうか」に彼らの判断基準があるということですよね。付け加えると、社会課題解決に挑むスタートアップは粘るというか、彼らはそうそうピボットしないですよね。その課題を解決したいがために起業したから、やり方は変えたりするでしょうけれど、事業領域を変えたりはしない。

河村　別にスタートアップの起業家がやりたいわけではないんですよね、その事業がやりたいんですよね。

成功のカギはスピード勝負で〝一点突破〟

司会　最後に、スタートアップの成功のカギと思われることを、投資家サイドの視点から教えていただけますか。

鎌田　カーボンニュートラルのような社会課題解決は、必要性が高い一方、短期的にはコストアップになる場合もあって、ビジネスの採算上難しいケースも多いです。だから、値段が高くなっても顧客が買いたくなるロジックをつくる必要があると思います。例えば、環境負荷を減らす技術を使った製品に価値があるとか、そういう製品を買うのがクールだとか主張できる事業にして、エンドユーザーに共感してもらうような動きをつくって、大きな流れにしていくことが重要だと考えます。

アップルも製品は決して安くないですが、いち早くカーボンニュートラルを実現していますし、サプライヤーにも2030年までにカーボンニュートラルを実現しないと部品を買わないと宣言しています。しかも材料では、鉄さえも再生して使い回すような取り組みを始めている。そこに共感してファンになっている消費者も多いと思います。

沼田　成功のカギは、「慎重に検討して、大胆に振り抜く、やり切る」ことではないでしょうか。途中で息切れしたり、業績がなかなか上がらずあきらめたりで、もう少しうまくいきそうな領域に事業転換することはよくあります。そうすると生き残れますが、大きくは勝てないです。とても大変な道ですが、他社がやり切れないことをちゃんとやり切るというのが意外に大事だと思います。

例えば、まだ道半ばの段階ですが、先ほどのアストロスケールは、累計で300億円の資金を調達しています。2021年にようやく「ELSA-d（エルサ・ディー）」というデブリ（宇宙ゴミ）除去技術実証衛星を軌道に乗せて、技術実証を成功させました。普通に考えたら、大変すぎて300億円も調達する発想にはならない。でも、創業者が鉄の意志で6回に渡って資金調達をやり切ったところが、少しずつ差を生んでいるような気がします。それが効いたのか、この分野で先頭を走るプレーヤーになりましたし、グローバルで認知度が高まって優秀な人が集まるようにもなりました。創業者が、地球上最大の宇宙関連イベント「国連世界宇宙週間（2022年）」の名誉議長を務めたりもしています。同じ時期に似たようなアプローチでデブリ除去の事業を始めた会社が実は2、3社あったのですが、頭ひとつ、ふたつ抜けているのは、そんな理由ではないかと思っています。

河村 限られた資源を集中させて、スピード勝負で〝一点突破〟するようなやり方がいいのかな。例えば、投資先のVPP Japanは、「スーパーマーケットの省エネ（自家消費太陽光発電設備の導入・運用）」という、ものすごくニッチ（隙間）な領域だけを攻めています。スーパーである程度成功した際に、「銀行の支店や飲食店にも進出しよう」と株主が口々に言い

ましたが、「スーパーしかやりません」で通し続け、ついに6000店舗を達成して、今やそれが大きな財産になっています。事業に直接携わっている人たちのほうが正しかったんだなあと、そのとき思いました。

周囲に「ニッチ過ぎ」と言われようが、こだわりを持って一点集中でノウハウや技術を蓄積していくスタートアップが成長しているケースが多いように思えます。根本的な技術も用途も「何でもできます」で全方位的にやると、きっと途中で力尽きてしまう。それよりは、ある程度用途を絞って、そこに特化していくほうが成功に近づけるのではないでしょうか。

特にカーボンニュートラルの分野は、技術も含めてこれから加速度的にニーズが高まっていくでしょう。鎌田さんもおっしゃったように、あとになればなるほど破滅的な事態が起こる確率が上がっていくわけです。それに対応してカーボンニュートラルの価値が上がり、できることすべてに世界中で取り組むような状況が、時間を追うごとに指数関数的に広がっていくのではと想像しています。そのなかでスタートアップは、〝一点突破〟を図って生き延びながら事業を成長させるやり方を取ることで、未来が開けるように思います。

鎌田　社会課題解決は、「課題」と「解決」ということで、「解決」の主役であるテクノロジーに目がいきがちですが、実は「課題」のほうが重要です。課題を徹底的に深く掘り下げて、課題を磨くと必要な技術も磨かれます。一方、素晴らしい技術だとしても、応用先を「これがダメだったらあっちにしよう」とコロコロ変えると、結局、どこにも中途半端にしか当てはまらなくなってしまうことがよくあります。だから、解決したい課題を突き詰めて、その本質を特定することがすごく大切だと思います。逆に、そこがつかめたら勝てますよね。

第4章

スタートアップ最強の武器とは

―海外ベンチャーキャピタリストインタビュー―

これまで本書では、日本のカーボンニュートラル領域のスタートアップに注目してきましたが、海の向こうにも、ビジネスの力で気候変動対策に貢献すべく、日々イノベーションを推し進める起業家たちがいます。

本章では、そのような海外のスタートアップの数々と、投資家として日々向き合うオランダのSET Venturesの代表、レネ・サベルスバーグさんのインタビューを紹介します。多岐にわたるキャリアにおいて、スタートアップ、大企業、投資家と3つの立場からスタートアップの世界を見てきたサベルスバーグさんならではの見識による言葉を、本書の締め括りにお届けします。

〈聞き手〉環境エネルギー投資調査研究班　佐藤 朗南

CVC時代に学んだこと

佐藤　まず、ご自身がSET Venturesを創業されるまでのキャリアについてお話しいただけますでしょうか。

レネ　地元の工科大学を卒業して最初の就職先はスタートアップでした。1980年代前半、パーソナルコンピューターがイノベーションの最先端という時代に、IBM製コンピューターを販売したり、大型マルチユーザー向けのアドオン製品を扱う会社で新製品の発売を担当しま

SET Ventures マネージングパートナー

Rene Sevelsberg

レネ・サベルスバーグ

オランダのアイントホーフェン工科大学大学院経営工学科修了。セールス＆マーケティングの分野で複数のポジションを経験後、フィリップスのイノベーション部門の現地代表として1990年より米国カリフォルニア州に駐在。発展期のシリコンバレーにおいて、スタートアップとベンチャーキャピタルがエコシステムを形成する過程を当事者として経験。その後、2007年にSET Venturesを共同創業。ドイツの蓄電池メーカーであるSonnen（ゾネン）、カナダの核融合技術開発企業であるGenaral Fusion（ジェネラル・フュージョン）、オランダの急速充電器メーカーであるEpyon power（エピオンパワー）などで取締役。CVC（コーポレートベンチャーキャピタル、以下、同じ）およびVCの立場より、ディープテックとエネルギー転換銘柄を中心に25年以上のスタートアップ投資経験を有し、エグジット実績多数。オランダ・ベンチャーキャピタル協会理事。

した。当時、スタートアップで働くのは今のように〝かっこいい〟ことではなく、周囲もとても驚いていました。従業員は他に4人いて、私が5番目でしたね。その後3年間で130人規模の会社に急成長するのですが、このように最初の職場で起業家という存在のパワーを目にすることができたのは幸運でした。この経験によって、若いときから新たなビジネスを着想し、考え抜いた戦略で会社を急成長させる起業家たちの存在こそが、社会を前進させるのだと私は確信しています。

その後、私は、大企業で自分の腕を試してみようと、地元に本社のあった大手電器メーカーのフィリップスに転じました。初めは先端技術の営業を行う部署にいたのですが、じきに米国に駐在し、フィリップスがシリコンバレーで設立したインキュベーション施設で働く機会を得ました。そしてしばらくして、私の発案でフィリップスにCVC部門をつくることになったのです。最初にシリコンバレー、その後、同様にイノベーションの最新都市であったアムステルダム、テルアビブにも拠点を設けて、ホットなスタートアップに接触し、そこから生まれるイノベーションを、CVCを通じて会社に取り込むことがミッションでした。

佐藤　なるほど。シリコンバレーのフィリップスCVC時代、特に印象に残ったスタートアップはありますか。

レネ　そうですね、「TiVo（ティーボ）」というフィリップスCVC時代に投資した会社がありました。TiVoは、放送中のテレビ番組の一時停止や巻き戻しができるデジタルビデオレコーダーの先駆けで、スポーツの生放送を一時停止してコーヒーを淹れたりといった視聴ができる画期的な製品でした。同社を初めて視察したとき、私は製品の完成度と家電のトップメーカーから引き抜いた精鋭の開発チームに非常に感心しましたが、フィリップス本社に報告したところ、「実は、わが社の中にも類似のデバイスを開発しているチームがいる」と言うんですね。

しかし、「製品の完成はいつか？」と訊くと、「3年後が目標」などとのん気なんです（笑）。発売日に至っては「目途すら立っていない」とまで……。要するに、大企業においては、セールスチームは製品が完成してからしか動けないんです。少数の理解度の高い投資家の支援のもと、ひとつの商品に情熱と経営資源を集中投下できるスタートアップと実現のスピードが異なるのは、ある意味必然といえるのでしょう。

最初の接触から2年ほどかかって、最終的にフィリップスからTiVoに出資できました。それほど長くかかったのは、社内より社外のソリューションのほうが、製品化や発売がより早く実現可能だという点について、会社側を説得するのに時間を要したからでした。

佐藤　ＣＶＣ時代の一番の学びを挙げるとすると何でしょうか。

レネ　早すぎるタイミングでスタートアップがＣＶＣから出資を受けることは、大企業とスタートアップの双方にとってあまり好ましくないということでしょうか。大企業は、スタートアップに投資すると、彼らにさまざまな経営上、管理上の制約を課しますが、投資先のスタートアップがそれに耐えられる規模に達していなければ、お金のメリット以上にマイナス効果が出ることが多々あります。私は、スタートアップと大企業の業務提携に関しては大の推進派ですが、株主になることは、投資先における価値創造を優先して考える義務を負うことです。しかし、アーリーステージにおいては、親会社である大企業のライバル社との提携が、そのスタートアップの経営にとってベストとなる状況が出てきたり、スタートアップの事業そのものがＣＶＣの戦略的意図とまったく無関係な方向へピボットしたりという事態は珍しくありません。スタートアップの成功だけを考える投資家なら、そのような判断も当然認めなくてはいけないのですが、ＣＶＣの存在意義や親会社の思惑からすると、容易には認められなかったりします。ですから、私のフィリップス時代の一番の学びは、大企業がスタートアップの株主になるには商品レベルの親和性だけでなく、「今このタイミングでの投資が本当にスタートアップのためになるのか」という冷静な判断が重要だということでした。

大企業にとっては、一ＣＶＣとしてＬＰ投資（対象となるスタートアップにＶＣを通じて出資する投資の方法）を行うだけでも、どのような会社が将来、自社にとって有益なパートナーになるのかをじっくりと観察して、双方に価値を生む業務提携を実現させるには十分かと思います。しかし、今のスタートアップ業界を見ていると、世界のＣＶＣたちは、高い授業料を払ってそれを学んでおきながら、だいたい10年くらいで忘れ、また授業料を払うサイクルを繰り返しているように感じます。好況時には、「いいスタートアップがあるじゃないか！　早めに出資しよう！」が通じてしまうのでしょうが、結局はタイミングを読み違えることが多いですね。

「無知を武器」にエネルギー業界へ

佐藤　テクノロジーの世界からスタートして、シリコンバレーで投資哲学を身につけたサベルスバーグさんが、サステナビリティの世界に身を置かれるようになった経緯を聞かせていただけますか。

レネ　フィリップスでＣＶＣを立ち上げてから10年後、２００７年に独立系のベンチャーキャピタルとして今のファンド、ＳＥＴ Ｖｅｎｔｕｒｅｓを創業しました。経緯は多少複雑で、これはもう運命としか言いようがないのかもしれません。オランダには、原子力発電所が１カ所あり、２００６年に当時の政府が１９７３年運転開始のこの発電所の設備を一新し、もう30

年間の運転延長を決めました。原子力には、CO_2を排出しないという大きなメリットがありますからね。政府は、合意の際、発電所のオーナーに対して運転許可を延ばす代わりに、持続可能なエネルギー消費を可能にするための技術に投資する民間ファンドの設立を約束させたのですが、そのファンドの運営者としてたまたま声がかかったのが私だったというわけです。私としては、独立するチャンスに飛び乗った感じでしょうか。ちなみにわれわれの「SETVentures」という名前は、「Sustainable Energy Technologies」の略ですが、これは、その政府と電力会社の合意文書にあった言葉を、響きがよかったので、そのまま取ってきただけなんです（笑）。

佐藤　では、サベルスバーグさんはエネルギー業界にいきなり飛び込んだのですね。キャッチアップは大変でしたか。

レネ　大変でした。発電所で作られた電気が、どうやって家のコンセントまでやってくるかもきちんと理解していなかったですし、ビジネスとしてのエネルギー業界については何ひとつ知りませんでした。しかし、イノベーションの世界では、このくらいの無知が武器になることもあります。先入観や既成概念が、まったくないからです。要するに、既存のシステムを変えるのにどれくらいの労力が必要かという知覚がないから、おそれもないんですね。

起業家には「これで世界を変えてやる！」というナイーブさが必要だとよくいわれますが、ファンドの経営者という意味では、私も一起業家のようなものでした。「俺がエネルギーの世界をサステナブルにしてやる！」と思っていましたよ（笑）。

佐藤 次に、設立から現在に至るまでのSETの投資のハイライトについて少し振り返っていただけますでしょうか。

レネ われわれの分野で投資を評価する場合、金銭的リターンと脱炭素社会実現への貢献度という2つの評価軸が考えられますが、この2つは、相関はあっても、完全に連動するわけではありません。言い換えれば、スタートアップにおける成功の定義は、ひとつではないということです。

例えば、SET初期の2010年に核融合の商業化を目指すカナダのスタートアップ、General Fusionに投資しました。かなり困難なことに挑戦している会社で、ようやく最近、技術の突破口が見えてきた状況ですので、ここから技術の完成だけではなく、社会による受容の形成まで含めると、科学技術のホーリー・グレイル（歴史的成果）といえるこの取り組みから金銭的リターンが見えてくるのは、現実的に考えて2030年ごろでしょう。私は、この会社に投資し、この壮大な計画の一部となれたことを心から誇りに思っていますが、かなりリスクテイクした案件だったので、将来このような投資を再び行うことは難しいように感じています。

これに対して、サステナビリティに大きく貢献しつつ、きちんとした金銭的リターンも出したのがSonnenというドイツのスタートアップへの投資でした。Sonnenは、太陽光発電と連携する自社開発の一般家庭向けスマート蓄電池を提供するほか、電池の通信機能を使って電力価格に反応したり、電力の融通を行うＶＰＰ事業まで展開する会社で、われわれは、かなりアーリーな段階で投資を実行しました。当初から創業者のChristoph Ostermann（クリストフ・オスターマン）氏のビジョンには大変共感しており、初めは彼に投資したようなものでしたが、そこからチームができ、最終的に２０１９年にシェル（英国の国際石油資本）に１００％買収されるまで道のりをともにしました。金銭的リターンという意味でハイライトするとしたら、この案件ですね。

日本の起業家たちへ

佐藤　起業家の話が出ましたが、サステナビリティ関連のスタートアップを創業し活躍する起業家とは、どういう人たちなのでしょうか。これまで多数の起業家に会って、共通点などは見出せましたか。

レネ　ＳＥＴがスタートした２００７年に比べると、明らかに起業家の質が変わってきています。当時、この領域で起業する人たちは、基本的に発明家タイプでした。面白い人物も多かったのですが、彼らの大半は、実際に技術を商品化し、それをマーケットに届けるまでの一連の過程を甘く見ていたように思います。経営スキルもありませんでした。ひと昔前は、この起業家の質ともいえる部分が業界の大きな課題であり、キャピタリストにとっての投資のハードルだったのです。

しかし、ここ5年ほどは、他分野から「ぜひ、エネルギー変革やサステナビリティの分野で起業したい」と経験豊富なビジネスパーソンたちが流入するようになってきています。例えば、最近のある投資先は、幹部全員が広告業界出身だったりします。エネルギーがニッチな分野だった時代から考えると、これは本当に大きな変化です。この勢いは今後も衰えるどころか、これからさらに野心と情熱に満ちた、経験と知識に富んだ強い起業家やチームが参入してくることでしょう。

佐藤　最後に、日本のエネルギー・サステナビリティ分野の起業家にアドバイスはありますか。

レネ　日本のスタートアップ環境について、それほど詳しくないのですが、大企業の影響力がとても強い市場だと認識しています。しかし、消費者の多様なニーズが大企業の商品やサービスだけで満たされることは絶対にあり得ません。最後は消費者の声が勝ちます。ですから、顧客本位の優れた製品をリーズナブルな価格で提供することに徹すれば、成功の道はきっと開けます。

周囲に理解されなかった私の若い頃と違い、最近はスタートアップは〝クール（かっこい い）〟と思われるようですが、本来スタートアップはクールな存在ではなく、イノベーティブなアイデアを世の中で実現させるために必要な存在なのです。ポジティブなメッセージを残すとすれば、エネルギー・サステナビリティの分野で起業するのに、これほど良い時代はないということかもしれません。

おわりに

カーボンニュートラルに資するスタートアップにとって、今まさに大きな飛躍の時代が到来しています。国内スタートアップの会社数や投資額は、欧米にはいまだ遥かに及びませんが、本書でも述べたように、ＡＩやＩｏＴなどのデジタル技術に代表される新たなテクノロジーを活用し、カーボンニュートラル領域でも〝一点突破〟を狙った独自の切り口で勝負、成長するスタートアップが増えてくることは間違いありません。

本書に登場された方々をはじめ志高く奮闘する多くの起業家が、日本経済活性化の新たな担い手として道を切り開き、脱炭素社会実現の第一線でさらに活躍されることを心から願っています。そして、私たちも起業家の挑戦を陰日向になり支えつつ、これからもともに歩んでいきたいと思います。

最後になりましたが、仕事の合間をぬってインタビューにご協力くださった、アスエネの西和田浩平さん、サステナブル・ラボの平瀬錬司さん、Ｎａｔｕｒｅの塩出晴海さん、シェアリングエネルギーの上村一行さん、プラゴの大川直樹さん、ＥＶモーターズ・ジャパンの佐藤裕之さん、メディオテックの松本秀守さん、エコスタイルの木下公貴さん、クリーンエナジーコネクトの内田鉄平さん、中央電力の丹治保積さん、ふるさと熱電の赤石和幸さん、SETVenturesのレネ・サベルスバーグさん、対談にご登場いただいたTomyKの鎌田富久さん、ジャフコ グループの沼田朋子さんには、この場を借りて改めてお礼申し上げます。また、執筆をリードしてくださった大阪大学大学院の西村陽先生、オランダで取材をコーディネートしてくださった環境エネルギー投資の白石到さん、そして、本書の刊行にあたり多大なるご助力をいただきましたエネルギーフォーラム編集部の門倉千賀子さん、出版部の山田衆三さんらにも感謝の意を述べたいと思います。

2022年12月
環境エネルギー投資調査研究班

〈参考文献〉

山地憲治・西村陽、『カーボンニュートラル 2050 アウトルック』、日本電気協会新聞部、2022 年 3 月

経済産業省定置用蓄電システム普及拡大検討会第 4 回、「定置用蓄電システム普及拡大検討会の結果とりまとめ（三菱総合研究所）」、2021 年 2 月 2 日
https://www.meti.go.jp/shingikai/energy_environment/storage_system/pdf/004_04_00.pdf

三菱総合研究所、『移動革命 :MaaS、CASE はいかに巨大市場を生み出すか』、NHK 出版、2020 年 5 月

GX 実行推進担当大臣、「GX 実行会議 : 日本のエネルギーの安定供給の再構築」、2022 年 8 月
https://www.cas.go.jp/jp/seisaku/gx_jikkou_kaigi/dai2/siryou1.pdf

西村陽、「海外電力プラットフォームの現況とわが国への示唆」、2020 年 5 月
https://www.meti.go.jp/shingikai/energy_environment/denryoku_platform/pdf/009_04_00.pdf

経済産業省産業技術環境局環境経済室、「GX リーグ基本構想」、2022 年 2 月
https://www.meti.go.jp/policy/energy_environment/global_warming/GX-league/gxleague_concept_2.pdf

公益事業学会政策研究会、『まるわかり電力システム改革 2020 年　決定版』、日本電気協会新聞部、2019 年 2 月

竹内純子・伊藤剛・戸田直樹、『エネルギー産業 2030 への戦略　Utility3.0 を実装する』、日本経済新聞出版、2021 年 11 月

［編集担当］

佐藤 朗南 さとう・ろうなん
環境エネルギー投資　アソシエイト

英国オックスフォード大学卒業。2013年、三井物産入社。電力・インフラ部門にて大型プロジェクトファイナンスやベンチャー投資、事業開発などに従事し、電力ビジネスをグローバルに経験。現在は日本国内の投資業務、事業開発、ファンド組成業務を担当。

長尾 朋子 ながお・ともこ
環境エネルギー投資　経営企画部

筑波大学大学院修士課程経営・政策科学研究科経営・政策科学専攻、米国コロンビア大学教育専門大学院修了。本業の傍ら、大手経済誌や専門誌のウェブメディアにおける連載など、経営・ビジネス分野のレポート、コラムの執筆活動を長年にわたり手がける。

環境エネルギー投資

日本で唯一の環境エネルギー・モビリティ分野に特化した独立系ベンチャーキャピタル。
https://ee-investment.jp/

〈編者紹介〉

環境エネルギー投資調査研究班

［執筆担当］

西村 陽 にしむら・きよし
大阪大学大学院工学研究科　招聘教授

一橋大学経済学部卒業。1984年、関西電力入社。1999年、学習院大学経済学部特別客員教授などを経て、2013年より現職。公益事業学会理事・政策研究会幹事。早稲田大学先進グリッド招聘研究員。経済産業省資源エネルギー庁ERAB検討委員、同次世代分散型電力システム新検討会委員など。クリーンテックベンチャーの活躍の場をつくる制度設計にかかわる。

細谷 賢由 ほそや・けんゆ
環境エネルギー投資　取締役　マネージング・ディレクター

一橋大学経済学部卒業。1989年、日本興業銀行入行。デジタルガレージ、ブラックロックを経て、サイボウズでは取締役CFOとして東証一部（現：東証プライム）昇格に貢献。VCに転じてからは、ITとエネルギーの融合分野を中心に、ベンチャー投資に20年近く携わる。

GXフィフティーン 脱炭素起業家たちの挑戦

2023年1月26日第一刷発行

編　者　環境エネルギー投資調査研究班
発行者　志賀正利
発行所　株式会社エネルギーフォーラム
〒104-0061 東京都中央区銀座5-13-3 電話 03-5565-3500
印刷・製本　中央精版印刷株式会社
ブックデザイン　エネルギーフォーラム デザイン室

定価はカバーに表示してあります。落丁・乱丁の場合は送料小社負担でお取り替えいたします。

Printed in Japan　ISBN978－4－88555－531－2